좋아하는 모양으로 뜨는 가방

SUKINA MOYO DE AMU KAGO BAG by Ronique

Copyright ⓒ 2021 Reiko Fukushima
All rights reserved.

Original Japanese edition published by EDUCATIONAL FOUNDATION BUNKA GAKUEN BUNKA
PUBLISHING BUREAU
This Korean edition is published by arrangement with
EDUCATIONAL FOUNDATION BUNKA GAKCEN BUNKA PUBLISHING BUREAU, Tokyo
in care of Tuttle-Mori Agency, Inc., Tokyo through Eric Yang Agency, Seoul.

이 책의 한국어판 저작권은 EYA(에릭양에이전시)를 통해 EDUCATIONAL FOUNDATION
BUNKA GAKUEN BUNKA PUBLISHING BUREAU과 독점 계약한 (주)SIGONGSA에 있습니다.
저작권법에 의해 한국 내에서 보호를 받는 저작물이므로 소개된 작품의 전체 또는 일부를 무단 전재,
무단 복제 및 상품화할 수 없으며 공모전 등의 제출을 금합니다.

에코안다리아 코바늘 가방 뜨기
× × ×
좋아하는 모양으로 뜨는 가방

로니크 지음 | 방현희 옮김

SIGONGSA

CONTENTS

STEP 1
바닥 뜨기 6

A 원형 바닥 6

B 정사각형 바닥 7

C 납작형 바닥 8

D 타원형 바닥 8

E 직사각형 바닥 9

STEP 2
본체 무늬 뜨기 10

짧은뜨기 무늬 11
01-11

긴뜨기 무늬 17
12-29

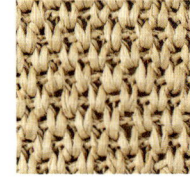

한길 긴뜨기 무늬 27
30-100

STEP 3
손잡이 뜨기 56

a 각진형 56

b 둥근형 56

c 삼각형 56

d 3줄 땋기 57

e 4줄 땋기 57

f 일체형 57

손잡이 다는 방법 58

abc의 변형 59

STEP up

어레인지 가방 60

How to make

코바늘 뜨기를 시작하기 전에 읽어보세요! 71
코바늘 뜨기 기초 72
작품 뜨는 법 77

이 책에서 소개하는 무늬뜨기 100가지 패턴은 모두 코바늘을 사용해 원형으로 뜨는 무늬입니다.

STEP 1의 5가지 패턴에서 바닥의 모양을 고른 다음,
STEP 2의 100가지 패턴에서 본체의 무늬를 고르세요.
무늬뜨기는 모두 STEP 1의 바닥 콧수와 정확히 맞습니다.
무늬뜨기의 마지막 단은 편물의 가장자리를 그대로 살려주어도 좋으나, 100가지 패턴의
뜨개 도안에는 가방의 가장자리를 짧은뜨기로 마무리할 수 있도록 코 줍는 방법도 실었습니다.
STEP 3에서는 손잡이 뜨는 법과 각각 본체에 다는 여러 가지 방법을 소개합니다.
사용하기 편한 손잡이를 고르고, 길이나 굵기는 취향에 맞게 조절하세요.
STEP up에서는 다양하게 조합한 가방을 제안합니다.
배색이나 크기를 참고하여 자유롭게 조합해 나만의 가방을 즐겁게 만들어보세요.

준비물

하마나카 에코 안다리아
무게 | 1볼 40g **실 길이** | 약 80m **성분** | 레이온 100% **색상** | 51색 **굵기** | 병태사
코바늘 호수 | 5/0호~7/0호

3~27쪽의 패턴은 베이지색(23) 3~4볼, 코바늘 7/0호, 돗바늘을 사용했습니다.
가방 뜨는 방법은 77~99쪽에.

손잡이 34cm
(겹치는 부분 포함)

본체 18cm

바닥 21cm

바닥	본체	손잡이
A	89	d
18단	23단	34cm

뜨는 법 77쪽

* 이 책의 복사, 스캔, 디지털화, 강습회 등의 교재로 사용하는 것을 금합니다.
* 이 책에서 소개한 작품의 전부 또는 일부를 상품화, 복제 배포하는 것을 금합니다.

STEP 1 바닥 뜨기

바닥은 중앙에서 시작합니다.

A 원형 바닥

바닥	본체	손잡이
A	89	d
18단	23단	34cm

뜨는 법 77쪽

10.5
(18단)
↑
짧은뜨기
108코

6회 반복한다

∨ = ⋋

단수	콧수	늘리는 법
18	108	+6
17	102	+6
16	96	+6
15	90	+6
14	84	+6
13	78	+6
12	72	+6
11	66	+6
10	60	+6
9	54	+6
8	48	+6
7	42	+6
6	36	+6
5	30	+6
4	24	+6
3	18	+6
2	12	+6
1	6	

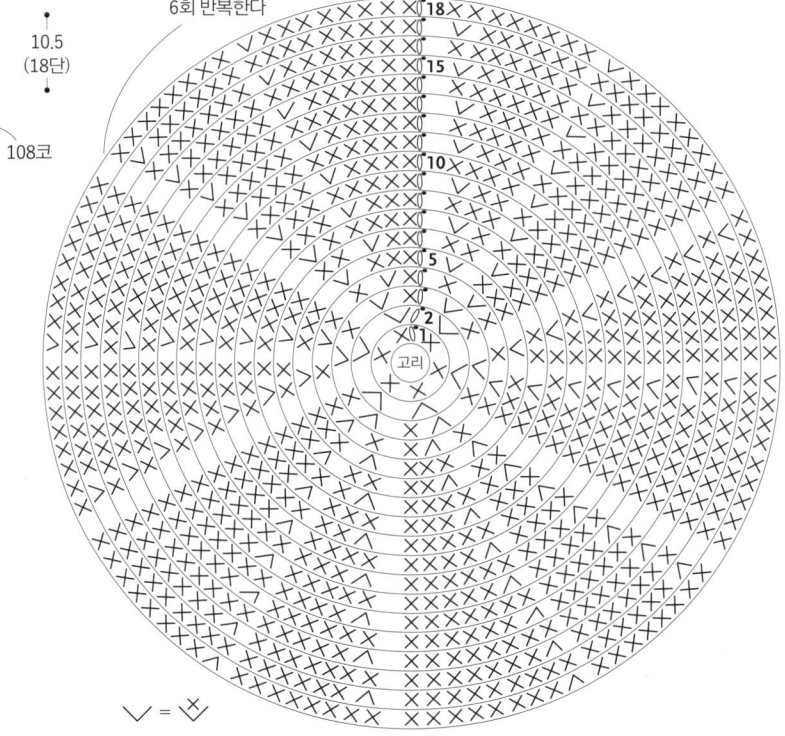

코를 늘리는 법칙을 익혀보세요. 뜨면 뜰수록 점점 즐거워집니다.

B 정사각형 바닥

바닥	본체	손잡이
B	89	d
14단	23단	34cm

뜨는 법 78쪽

짧은뜨기
8.5 (14단)
108코
17

단수	콧수	늘리는 법
14	108	±0
13	108	+8
12	100	+8
11	92	+8
10	84	+8
9	76	+8
8	68	+8
7	60	+8
6	52	+8
5	44	+8
4	36	+8
3	28	+8
2	20	+8
1	12	

⌢ = ┬
사슬뜨기에서 줍는 짧은뜨기는
사슬을 다발로 줍는다
긴뜨기는 2코로 센다

C 납작형 바닥

바닥	본체	손잡이
C	**89**	**d**
55코	31단	34cm

뜨는 법 80쪽

←─ 사슬 55코 시작코 ─→

코 줍는 방법은 80쪽 참조
시작코의 위쪽은 사슬 반 코와 코산을,
아래쪽은 사슬 반 코를 주워서 뜬다

D 타원형 바닥

바닥	본체	손잡이
D	**89**	**d**
10단	23단	34cm

뜨는 법 79쪽

사슬 26코 시작코
짧은뜨기
6(10단)
108코
26.5

시작코의 양쪽 끝과 위쪽은
사슬 반 코와 코산을,
아래쪽은 사슬 반 코를 주워서 뜬다

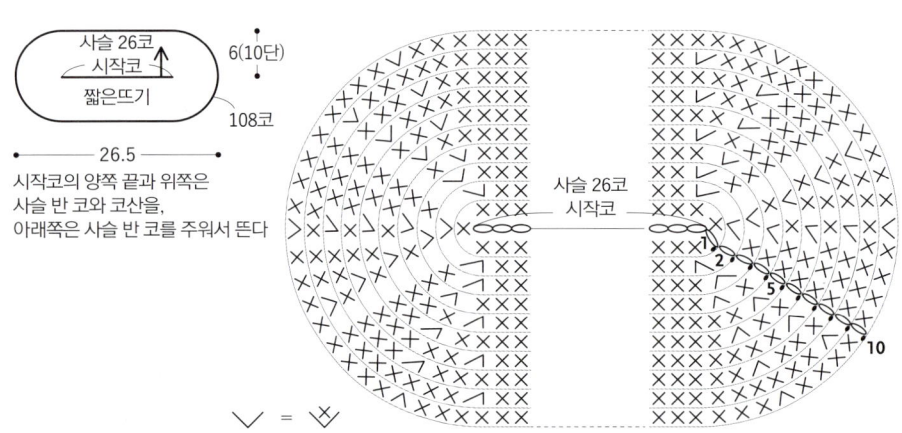

사슬 26코 시작코

단수	콧수	늘리는 법
10	108	+6
9	102	+6
8	96	+6
7	90	+6
6	84	+6
5	78	+6
4	72	+6
3	66	+6
2	60	+6
1	54	

∨ = ⩔

E 직사각형 바닥

바닥	본체	손잡이
E	**89**	**d**
8단	23단	34cm

뜨는 법 79쪽

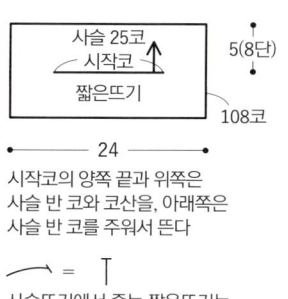

사슬 25코
시작코
짧은뜨기
5(8단)
108코
24

시작코의 양쪽 끝과 위쪽은
사슬 반 코와 코산을, 아래쪽은
사슬 반 코를 주워서 뜬다

⌒ = ┬

사슬뜨기에서 줍는 짧은뜨기는
사슬을 다발로 줍는다
긴뜨기는 2코로 센다

사슬 25코
시작코

단수	콧수	늘리는 법
8	108	±0
7	108	+8
6	100	+8
5	92	+8
4	84	+8
3	76	+8
2	68	+8
1	60	

STEP 2 본체 무늬 뜨기

100가지 패턴은 모두 원형뜨기 무늬입니다. 바닥에 이어서 둥글게 돌아가며 뜹니다.

짧은뜨기 무늬 01-11
짧은뜨기는 1단이 사슬 1코 높이입니다.
촘촘하고 탄탄한 편물이 완성됩니다.

긴뜨기 무늬 12-29
긴뜨기는 1단이 사슬 2코 높이입니다.
짧은뜨기보다 봉긋하고 도톰한 편물이 완성됩니다.

한길 긴뜨기 무늬 30-100
한길 긴뜨기는 1단이 사슬 3코 높이입니다.
짧은뜨기나 긴뜨기보다 높아서 빨리 뜰 수 있습니다.

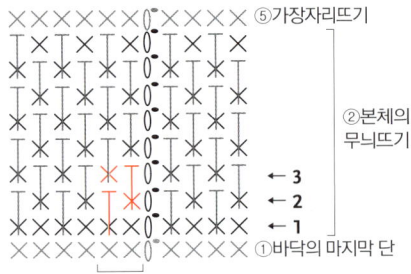

뜨개 도안 보는 법

①**바닥의 마지막 단** | 바닥의 기호는 왼쪽 도안처럼 흐리게 표시했습니다.
②**본체의 무늬뜨기** | 바닥의 마지막 단에서 주워 필요한 단수를 뜹니다.
③**1무늬** | 1무늬의 콧수와 단수를 표시했습니다. 기호는 빨간색으로 표시했습니다.
④**뜨는 방향** | 기호는 모두 겉쪽에서 봤을 때의 코 상태로 표시되어 있습니다.
　　← 왼쪽 방향의 화살표는 편물의 겉쪽을 보고 뜹니다.
　　→ 오른쪽 방향의 화살표는 편물의 안쪽을 보고 뜹니다.
⑤**가장자리뜨기** | 무늬뜨기의 마지막 단을 짧은뜨기로 마무리할 경우 기호를 흐리게 표시했습니다.

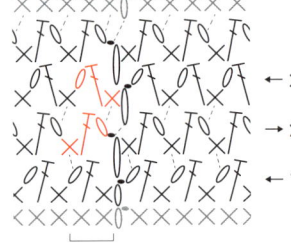

[원형 왕복뜨기]

원형뜨기에서 편물의 겉쪽과 안쪽을 번갈아 보며 뜨는 것을 '원형 왕복뜨기'라고 합니다.
뜨개 도안의 화살표에 주의하여 뜹니다.

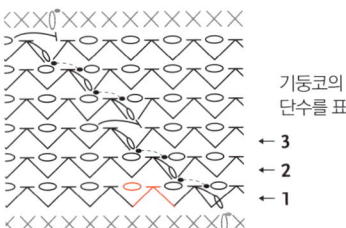

[기둥코를 조절한 무늬]

원형뜨기에서는 기둥코의 위치가 사선으로 치우치는 무늬가 있습니다.
이 책에서는 이러한 것을 방지하기 위해서 기둥코 앞뒤의 뜨개법을 고안하여 조절했습니다.
조절한 뜨개 도안은 왼쪽 도안처럼 뜨개 도안 오른쪽에 기둥코의 단수가 표시되어 있습니다.

짧은뜨기 무늬

바닥	본체	손잡이
A	01	a변형
16단	22단	2단

뜨는 법 82쪽

01

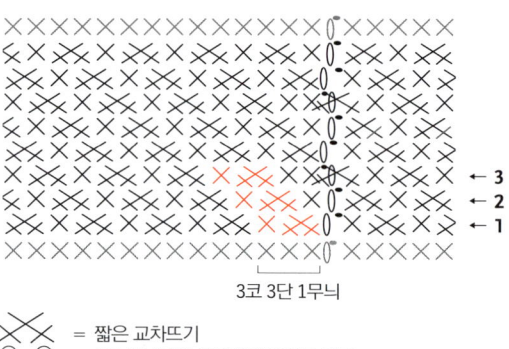

3코 3단 1무늬

╳╳
① ② = 짧은 교차뜨기
1코 건너뛰어 ①의 짧은뜨기를 한다.
1코 앞 코에 바늘을 넣고, ①을 감싸면서
②의 짧은뜨기를 한다

╳╳
① ② = 아래 사진 참조

02

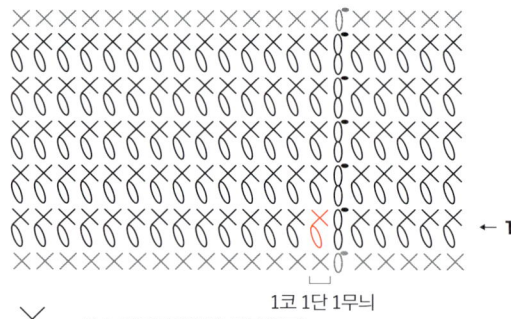

1코 1단 1무늬

╳ = 사슬 짧은뜨기(아래 사진 참조)

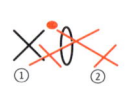 단의 마지막에 짧은 교차뜨기를 하면서 빼낸다

 사슬 짧은뜨기

1	2	3	4	1	2
	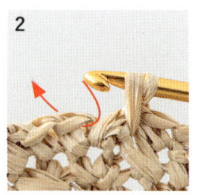			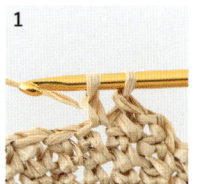	
기둥코인 사슬을 사이에 두고 ①의 짧은뜨기를 한 다음 단의 마지막 짧은뜨기 머리에 바늘을 넣는다.	실을 걸고 끌어내어 ②의 미완성 짧은뜨기를 하고 단의 시작 짧은뜨기 머리에 바늘을 넣는다.	실을 걸고 바늘에 걸려 있는 고리를 한 번에 뺀다.	단의 마지막을 뜬 모습.	앞단에 바늘을 넣고 실을 걸어 끌어낸 다음 바늘에 실을 걸고 빼내어 사슬 1코를 뜬다.	바늘에 실을 걸고 2개의 고리를 한 번에 뺀다. 사슬 짧은뜨기를 한 모습.

03

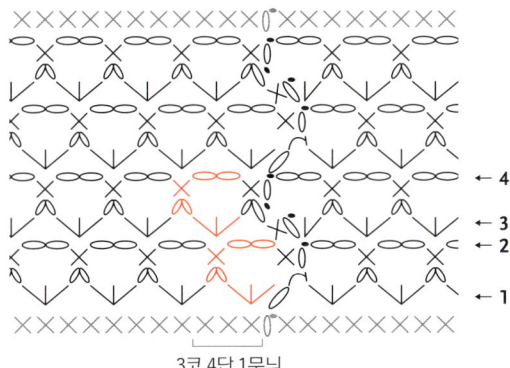

3코 4단 1무늬

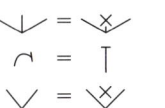

04

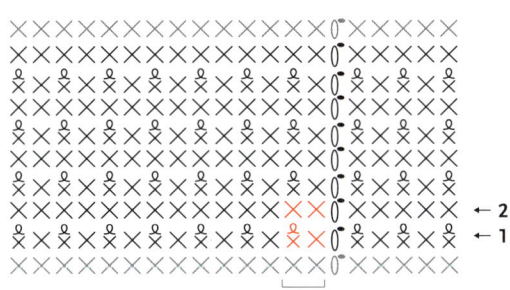

2코 2단 1무늬

 = 돌려 짧은뜨기(아래 사진 참조)

돌려 짧은뜨기

1. 앞단에 바늘을 넣고 실을 걸어 끌어낸다.

2. 바늘을 시계 반대 방향으로 1회 돌린다.

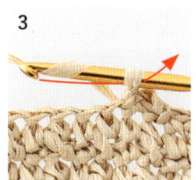

3. 바늘에 실을 걸어 빼낸다.

4. 돌려 짧은뜨기를 한 모습.

5. 다음 단은 돌려 짧은뜨기의 뒤쪽 실 1가닥을 바늘로 떠서 짧은뜨기를 한다.

6. 짧은뜨기를 한 모습.

05

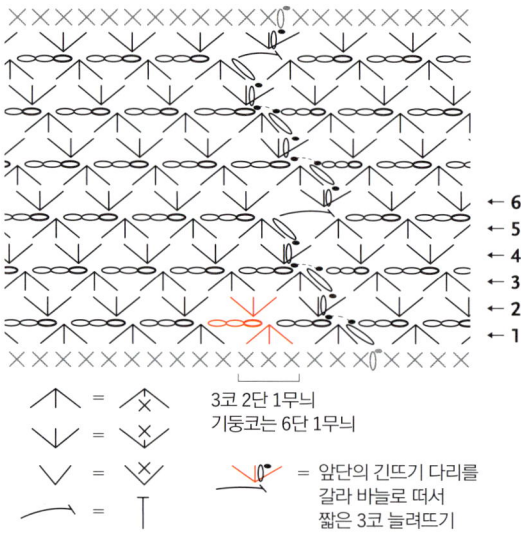

↑ = ⨯
↓ = ⨯
∨ = ⩔
⌒ = ⊤

3코 2단 1무늬
기둥코는 6단 1무늬

= 앞단의 긴뜨기 다리를
갈라 바늘로 떠서
짧은 3코 늘려뜨기

06

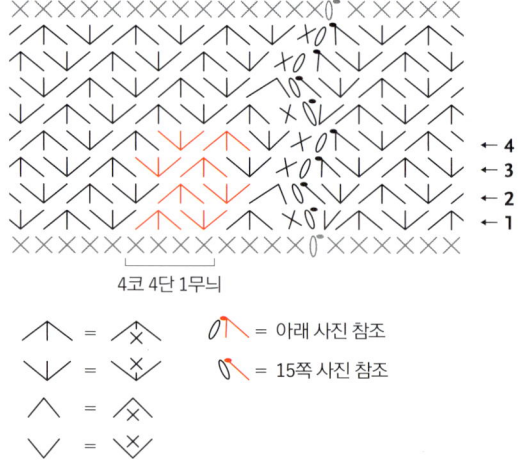

4코 4단 1무늬

↑ = ⩕
↓ = ⩔
∧ = ⩕
∨ = ⩔

= 아래 사진 참조
= 15쪽 사진 참조

 단의 마지막에 짧은 2코 모아뜨기를 하면서 빼낸다

1

실을 끌어내기만 한 상태
의 미완성 짧은뜨기 2코
를 뜨고 단 시작 짧은뜨기
의 머리에 바늘을 넣는다.

2
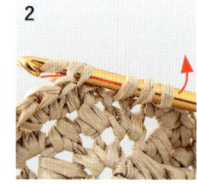
실을 걸고 바늘에 걸려 있
는 고리를 한 번에 뺀다.

3

단의 마지막을 뜬 모습.

07

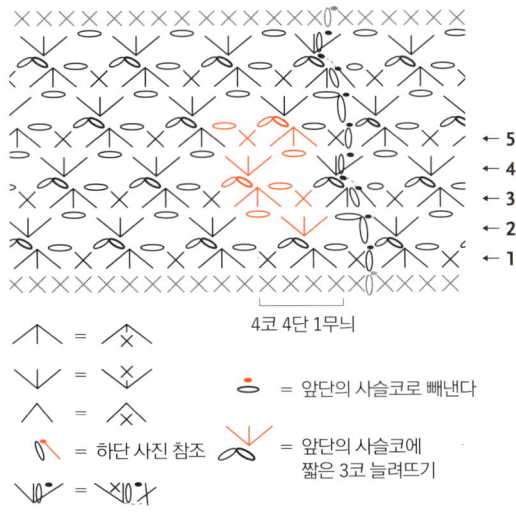

4코 4단 1무늬

∧ = ∧
∨ = ∨
∧ = ∧
◯ = 하단 사진 참조
◯ = 앞단의 사슬코로 빼낸다
∨ = 앞단의 사슬코에 짧은 3코 늘려뜨기

08

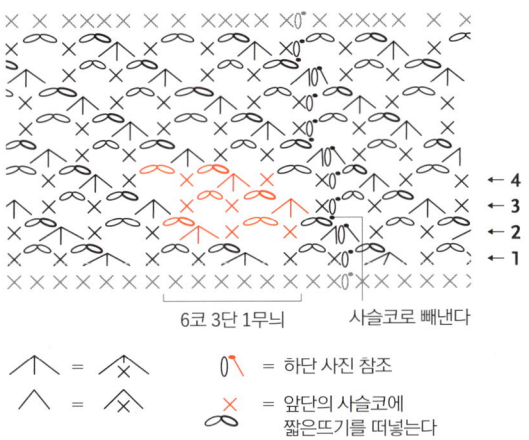

6코 3단 1무늬   사슬코로 빼낸다

∧ = ∧
∧ = ∧
◯ = 하단 사진 참조
× = 앞단의 사슬코에 짧은뜨기를 떠넣는다

 단의 마지막 짧은뜨기를 하면서 빼낸다

1
실을 끌어내기만 한 상태의 미완성 짧은뜨기를 뜨고 단 시작 짧은뜨기의 머리에 바늘을 넣는다.

2
바늘에 실을 걸고, 바늘에 걸려 있는 고리를 한 번에 뺀다.

3
단의 마지막을 뜬 모습.

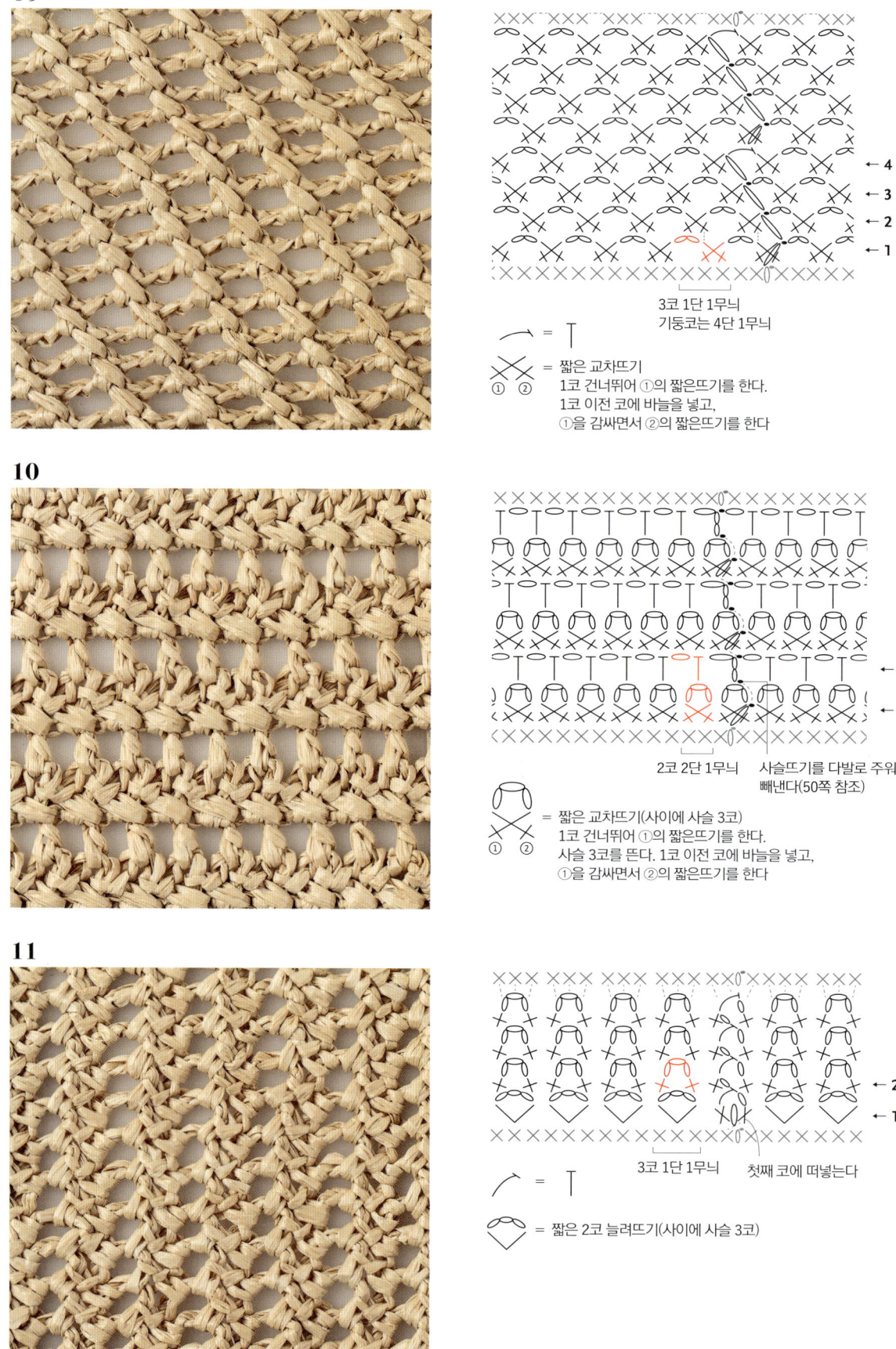

긴뜨기 무늬

바닥	본체	손잡이
A	**13**	**a**변형
16단	21단	2단

뜨는 법 83쪽

바닥	본체	손잡이
A	**12**	**a**변형
16단	14단	2단

뜨는 법 84쪽

12

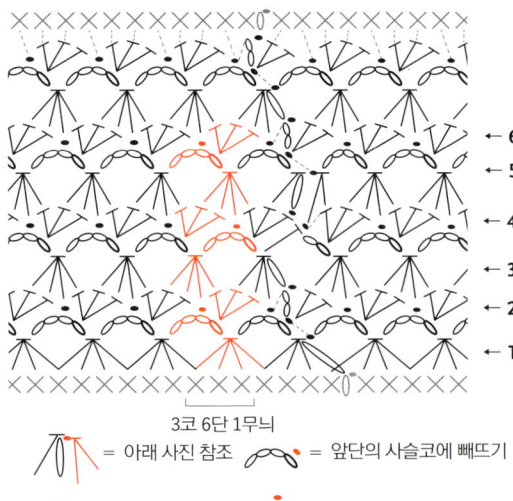

3코 6단 1무늬

= 아래 사진 참조
= 앞단의 사슬코에 빼뜨기
= 긴 4코 모아뜨기
= 앞단의 사슬뜨기를 다발로 주워 빼뜨기

13

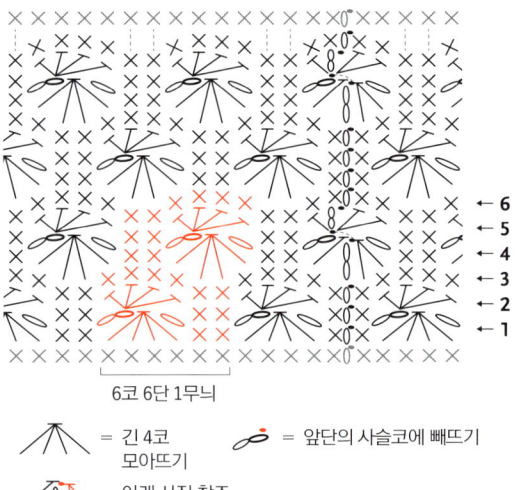

6코 6단 1무늬

= 긴 4코 모아뜨기
= 앞단의 사슬코에 빼뜨기
= 아래 사진 참조

 단의 마지막 긴 2코 모아뜨기를 하면서 빼낸다

1	2	3	4

바늘에 실을 걸고, 화살표 처럼 바늘을 넣어서 실을 끌어내어 미완성 긴뜨기 를 한다.	이어서 같은 방법으로 미 완성 긴뜨기를 1코 더 뜬 다.	단 시작 긴뜨기의 머리에 바늘을 넣고 바늘에 걸려 있는 고리를 한 번에 뺀 다.	단의 마지막을 뜬 모습.

14

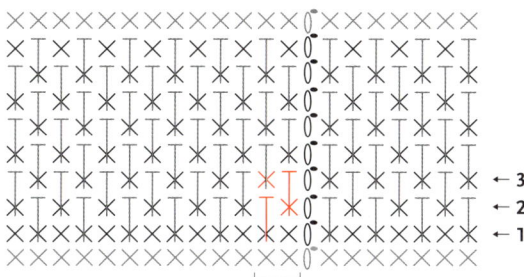

2코 2단 1무늬

 = 앞앞단을 주워서 긴뜨기를 한다
(앞단을 감싸면서 뜬다)

15

2코 2단 1무늬

 = 앞단의 긴 2코 모아뜨기 사이에 바늘을 넣고
긴 2코 모아뜨기를 한다(아래 사진 참조)

= 28쪽 사진 참조

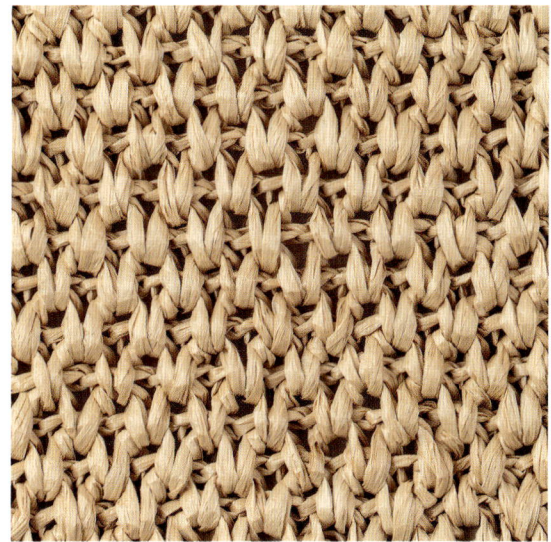

긴 2코 모아뜨기

1	2	3	4

바늘에 실을 걸고 앞단의 긴 2코 모아뜨기를 화살표처럼 다발로 주워 미완성 긴뜨기를 1코 뜬다.	옆의 긴 2코 모아뜨기를 다발로 주워 미완성 긴뜨기를 1코 뜬다.	바늘에 실을 걸고, 바늘에 걸려 있는 고리를 한 번에 뺀다.	긴 2코 모아뜨기를 한 모습.

16

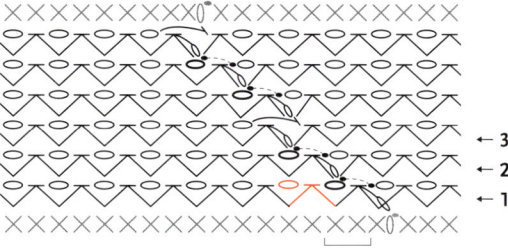

2코 1단 1무늬
기둥코는 3단 1무늬

◯ = 21쪽 사진 참조

⌒ = ┃

● = 앞단의 사슬코에 빼뜨기

17

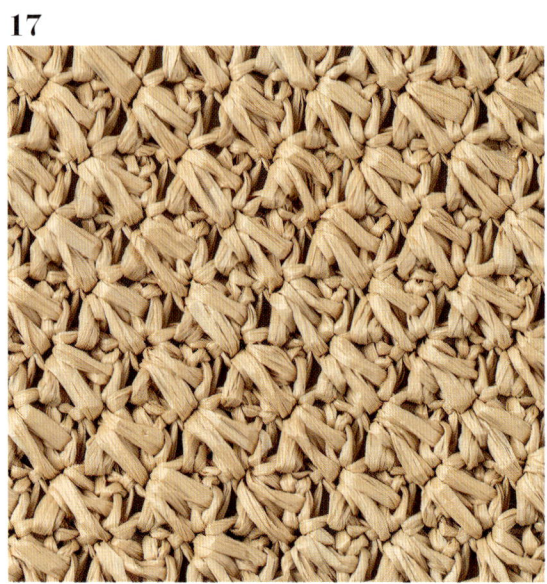

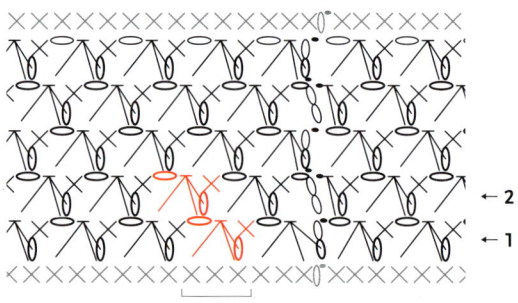

3코 2단 1무늬

✕ = 사슬 짧은뜨기(12쪽 사진 참조)

↑ = 긴 3코 모아뜨기(아래 사진 참조)

= 18쪽 사진 참조

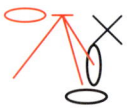 긴 3코 모아뜨기와 사슬 1코

| 1 | 2 | 3 | 4 | 5 | 6 |

  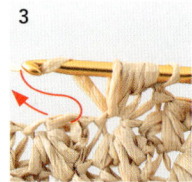 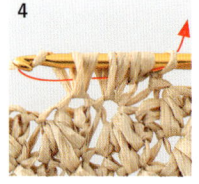  

사슬 짧은뜨기(12쪽)를 한 다음 바늘에 실을 걸고 사슬코를 갈라서 2가닥을 줍는다.

실을 걸고 끌어내어 미완성 긴뜨기를 한다. 다시 앞단의 사슬코에 바늘을 넣고 실을 끌어낸다.

미완성 긴뜨기 2코를 뜬다. 앞단 코의 머리에 바늘을 넣어 같은 방법으로 뜬다.

실을 걸고 바늘에 걸려 있는 고리를 한 번에 뺀다.

긴 3코 모아뜨기를 떴다.

사슬 1코를 더 뜬다.

18

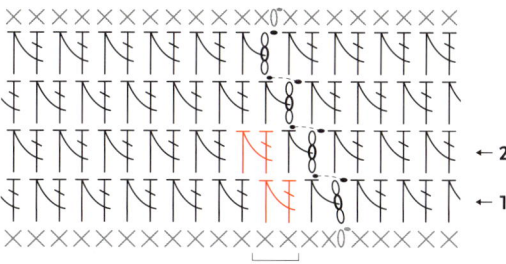

2코 2단 1무늬

= 한길 긴뜨기의 다리를 다발로 1코 뜨고, 앞단의 코에서 1코 더 주워서 긴 2코 모아뜨기를 한다

19

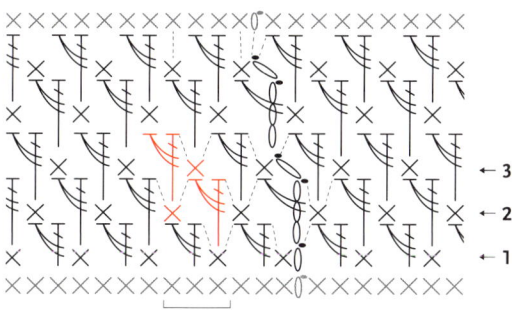

3코 2단 1무늬

= 한길 긴뜨기의 다리를 다발로 2코 떠서 긴 2코 모아뜨기를 한다

기둥코의 고리를 당겨서 늘인다

기둥코로 사슬 1코를 뜬다.

바늘에 걸려 있는 고리를 당겨서 늘인다.

20

긴뜨기 무늬

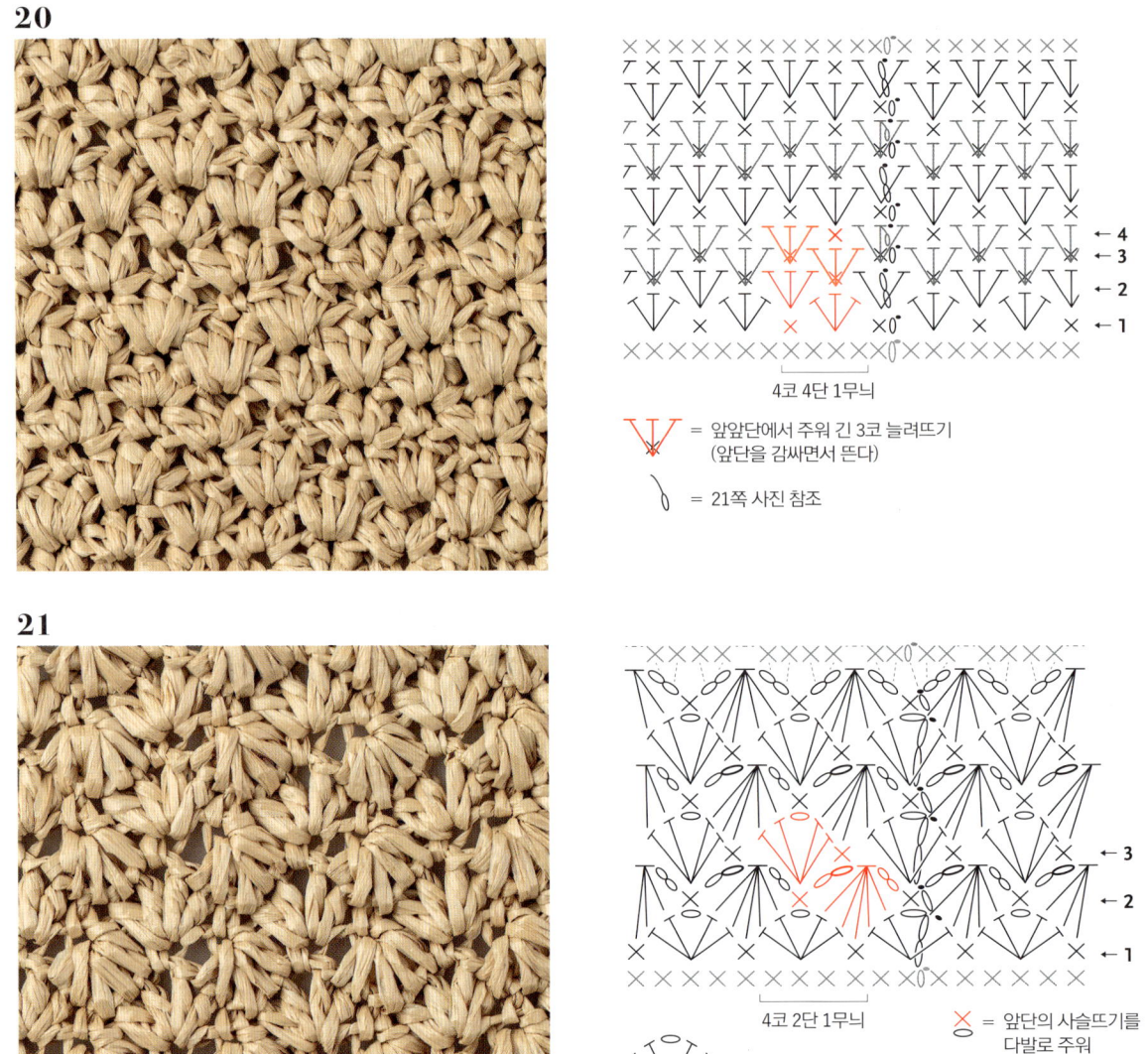

4코 4단 1무늬

= 앞앞단에서 주워 긴 3코 늘려뜨기
(앞단을 감싸면서 뜬다)

= 21쪽 사진 참조

21

4코 2단 1무늬

= 긴 4코 늘려뜨기
(사이에 사슬 1코)

= 긴 5코 모아뜨기

× = 앞단의 사슬뜨기를
다발로 주워
짧은뜨기를 한다

○ = 앞단의 사슬코에
짧은뜨기를 떠넣는다

22

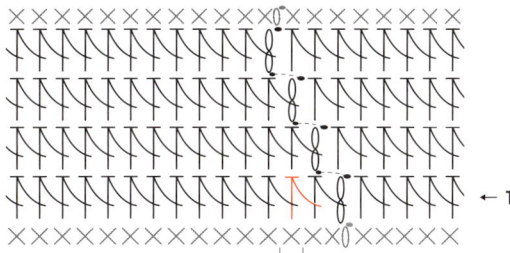

1코 1단 1무늬

↰↰ = 긴뜨기의 다리를 다발로 뜨고,
앞단의 코에서 1코 더 주워서
긴 2코 모아뜨기를 한다

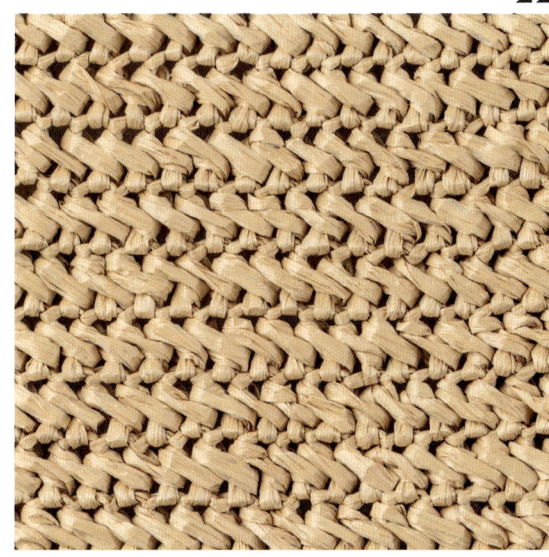

23

✕ ✕
2코 1단 1무늬

✕ = 앞단의 코와 코 사이를 다발로 주워
긴 교차뜨기(아래 사진 참조)

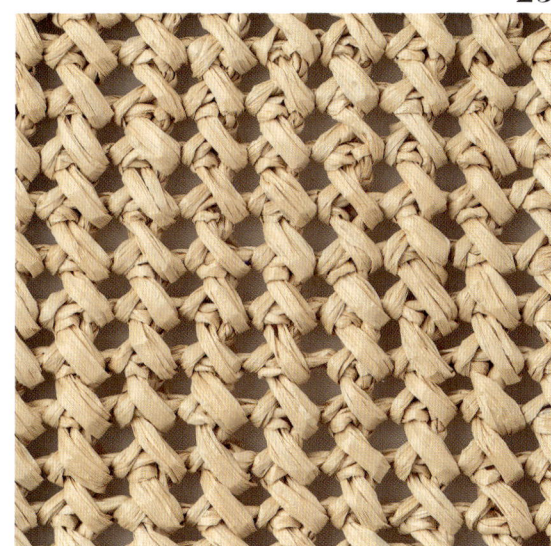

 긴 교차뜨기

1	2	3	4
	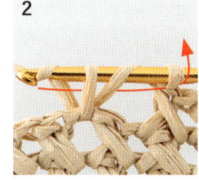		
바늘에 실을 걸고, 1코 건너뛰어 코와 코 사이에 바늘을 넣고 실을 걸어 끌어낸다.	바늘에 실을 걸고, 바늘에 걸려 있는 고리를 한 번에 빼내 긴뜨기를 한다.	바늘에 실을 걸고, 1코 이전의 코와 코 사이에 바늘을 넣어 긴뜨기를 한다.	긴 교차뜨기를 한 모습.

긴뜨기 무늬

24

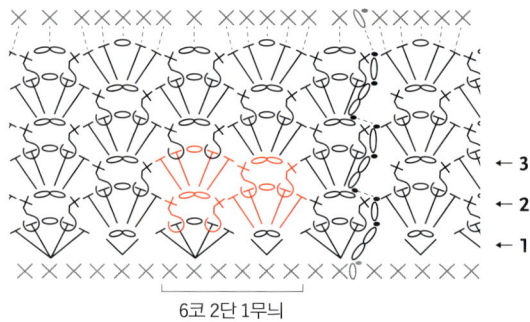

6코 2단 1무늬

◯ = 짧은 2코 늘려뜨기(사이에 사슬 2코)

25

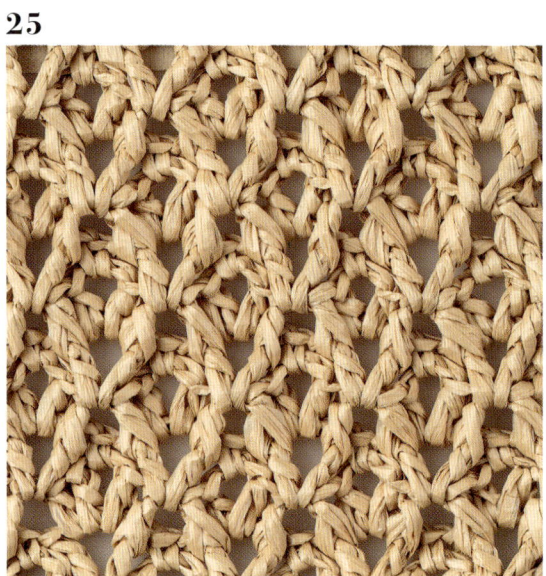

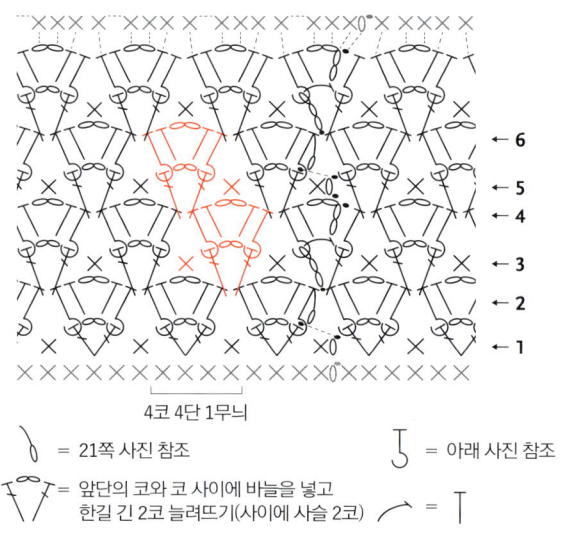

4코 4단 1무늬

) = 21쪽 사진 참조   ∫ = 아래 사진 참조

= 앞단의 코와 코 사이에 바늘을 넣고
한길 긴 2코 늘려뜨기(사이에 사슬 2코)

= ⊤

∫ 긴 앞걸어뜨기

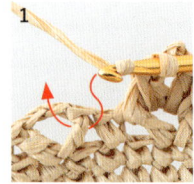
1
바늘에 실을 걸고 앞단 코의 다리에 뜨는데, 이때 앞쪽에서 바늘을 넣는다.

2
바늘에 실을 걸어 끌어낸다.

3
실을 걸고 바늘에 걸려 있는 고리를 한 번에 뺀다.

4
긴 앞걸어뜨기를 한 모습.

26

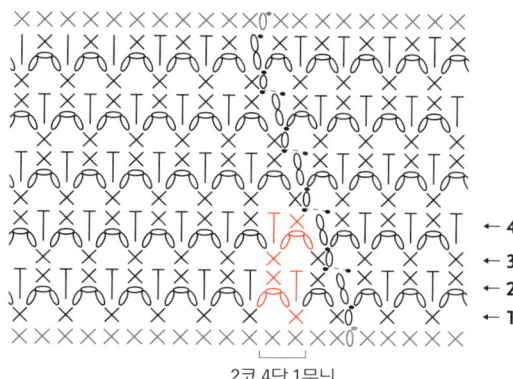
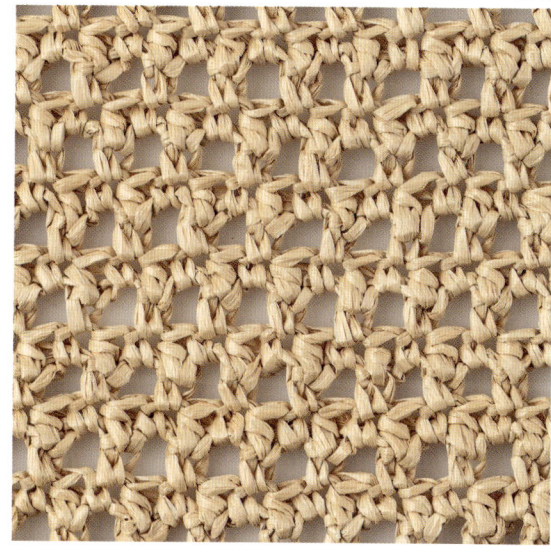

2코 4단 1무늬

27

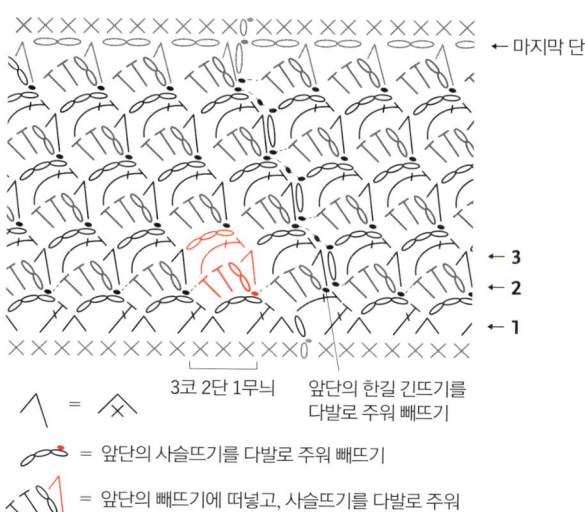

← 마지막 단

3코 2단 1무늬

앞단의 한길 긴뜨기를
다발로 주워 빼뜨기

= 앞단의 사슬뜨기를 다발로 주워 빼뜨기

= 앞단의 빼뜨기에 떠넣고, 사슬뜨기를 다발로 주워
   짧은 2코 모아뜨기를 한다

28

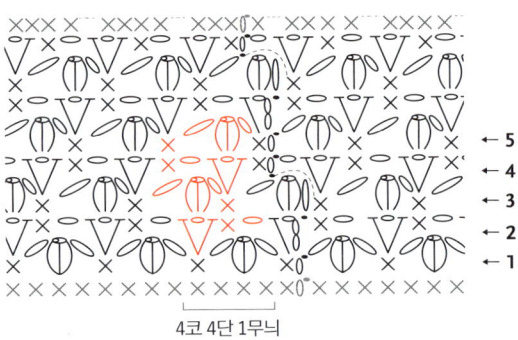

4코 4단 1무늬

◯ = 변형 긴 3코 팝콘뜨기(아래 사진 참조)

29

4코 2단 1무늬

◯ = 변형 긴 3코 팝콘뜨기(아래 사진 참조)

 변형 긴 3코 팝콘뜨기

1	2	3	4	5
			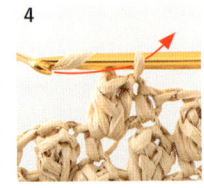	
같은 코에 긴뜨기를 3코 뜬다.	일단 바늘을 빼고, 첫째 코와 고리에 다시 바늘을 넣는다.	바늘에 실을 걸어 빼낸다.	다시 실을 걸어 빼낸다.	변형 긴 3코 팝콘뜨기를 한 모습.

한길 긴뜨기 무늬

바닥	본체	손잡이
A	**31**	a변형
16단	13단	2단

뜨는 법 83쪽

바닥	본체	손잡이
A	**100**	a변형
16단	25단	2단

뜨는 법 85쪽

바닥	본체	손잡이
A	**30**	a변형
16단	13단	2단

뜨는 법 84쪽

30

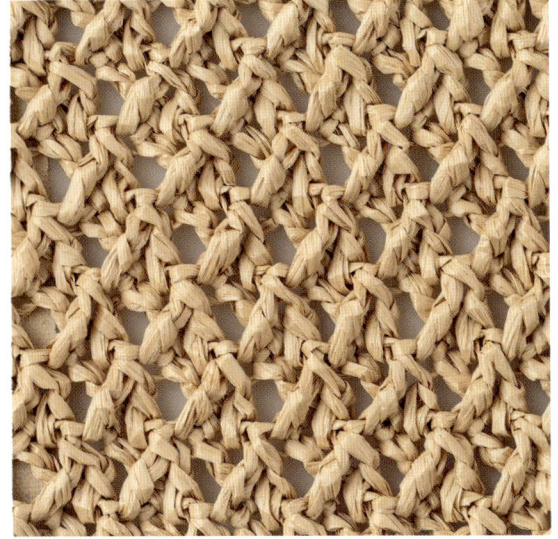
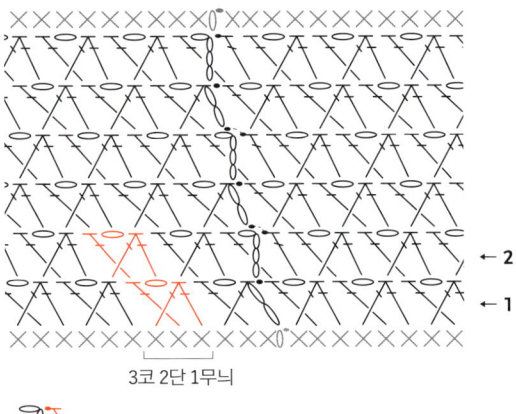

3코 2단 1무늬

 = 아래 사진 참조

= 변형 한길 긴 2코 모아뜨기와
한길 긴 교차뜨기(사이에 사슬 1코)

31

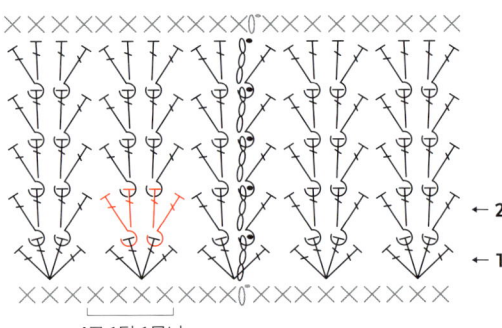

4코 1단 1무늬

 단의 마지막 한길 긴뜨기를 하면서 빼낸다

1	2	3
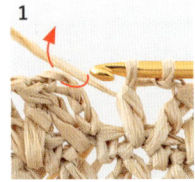		
미완성 한길 긴뜨기를 하고 단 시작 기둥코의 사슬 셋째 코에 바늘을 넣는다.	실을 걸고 바늘에 걸려 있는 고리를 한 번에 뺀다.	빼낸 모습.

32

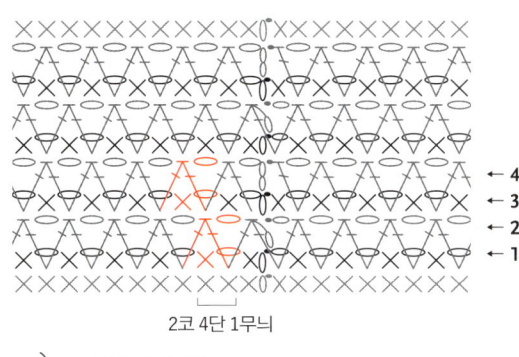

2코 4단 1무늬

◊ = 21쪽 사진 참조

⋏ = 앞앞단을 주워서 한길 긴 2코 모아뜨기를 한다
✕   (앞단을 감싸면서 뜬다)

| = 28쪽 사진 참조

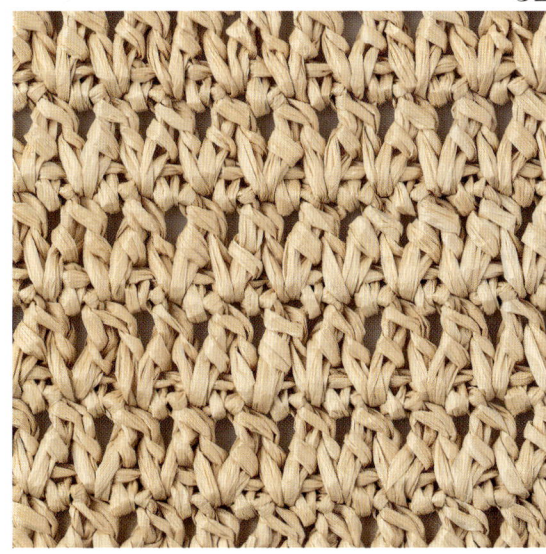

33

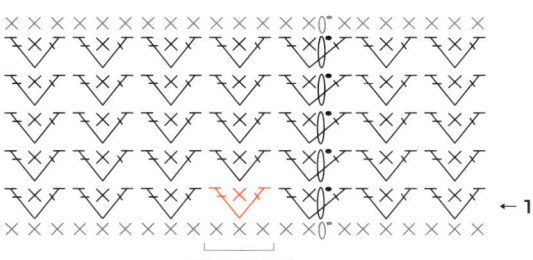

3코 1단 1무늬

∨ = 한길 긴뜨기 1코, 짧은뜨기 1코,
     한길 긴뜨기 1코를 떠넣는다

34

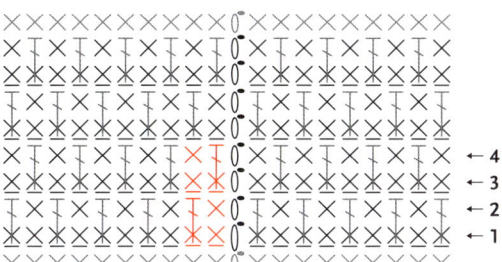

2코 4단 1무늬

T = 앞앞단을 주워서 한길 긴뜨기를 한다
⊥   (앞단을 감싸면서 뜬다)

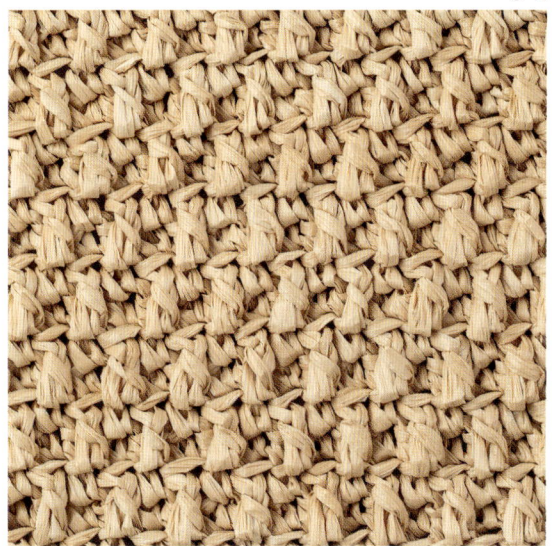

35

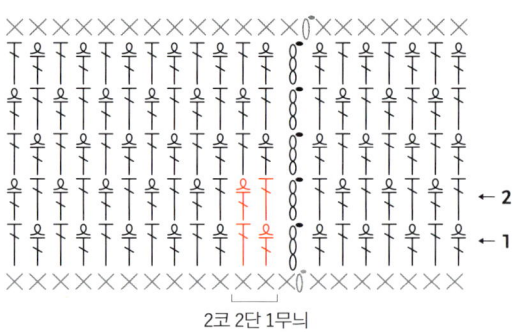

2코 2단 1무늬

⊥ = 변형 돌려 한길 긴뜨기(아래 사진 참조)

36

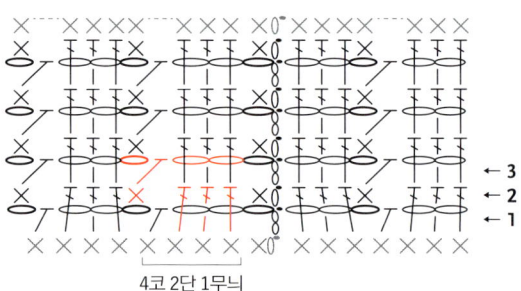

4코 2단 1무늬

③②① = ①, ③의 한길 긴뜨기는 앞단의 앞쪽에서 앞앞단을 줍는다
②의 한길 긴뜨기는 앞단의 뒤쪽에서 앞앞단을 줍는다
(앞단을 감싸지 않는다)

× = 앞단의 사슬코에 짧은뜨기를 떠넣는다

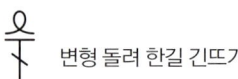
변형 돌려 한길 긴뜨기

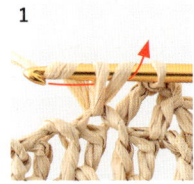
1
바늘에 실을 걸어 끌어낸 다음 화살표처럼 2개의 고리를 한 번에 뺀다.

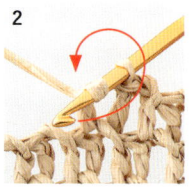
2
바늘을 시계 반대 방향으로 돌린다.

3
바늘에 실을 걸고, 2개의 고리를 한 번에 뺀다.

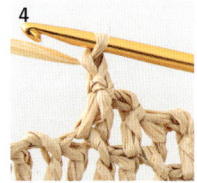
4
변형 돌려 한길 긴뜨기 한 모습.

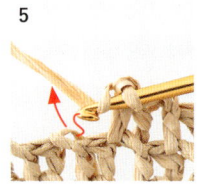
5
다음 단의 돌려 한길 긴뜨기에서 줍는 한길 긴뜨기는 코 머리의 뒤쪽 1가닥을 뜬다.

6
다음 단의 한길 긴뜨기 한 모습.

37

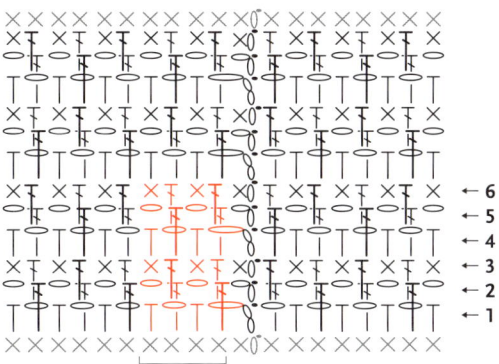
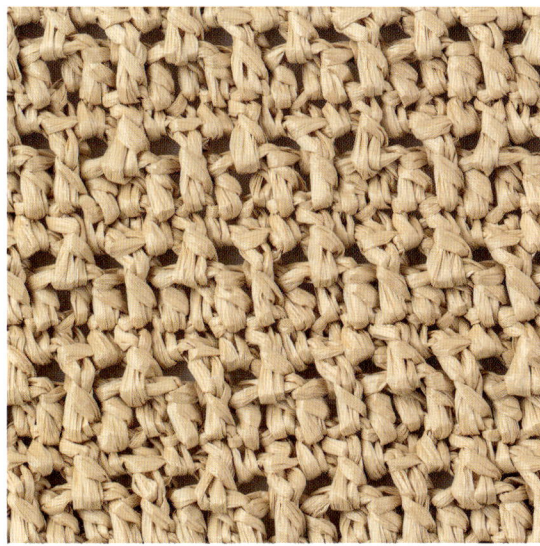

4코 6단 1무늬

①의 한길 긴뜨기는 앞단의 사슬뜨기 앞쪽에서 앞앞단을 줍는다
②의 한길 긴뜨기는 앞단의 사슬뜨기 뒤쪽에서 앞앞단을 줍는다
③의 한길 긴뜨기는 앞단의 한길 긴뜨기 뒤쪽에서 앞앞단의 사슬뜨기를 다발로 뜬다
④의 한길 긴뜨기는 앞단의 한길 긴뜨기 앞쪽에서 앞앞단의 사슬뜨기를 다발로 뜬다(앞단을 감싸지 않는다)

38

2코 2단 1무늬

39

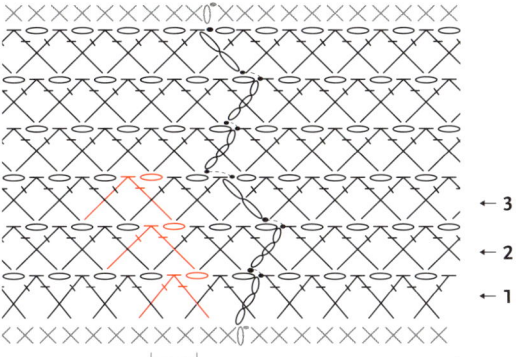
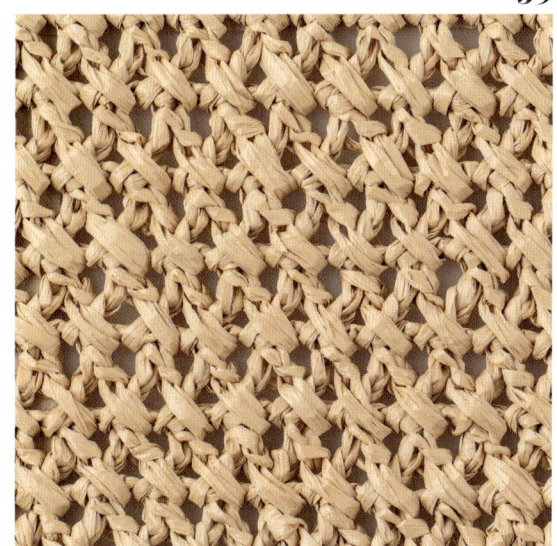

2코 3단 1무늬

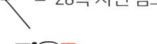 = 28쪽 사진 참조

 = 기둥코의 뒤쪽에서 앞단의 사슬코를 다발로 주워 한길 긴 2코 모아뜨기를 한다

한길 긴뜨기 무늬

31

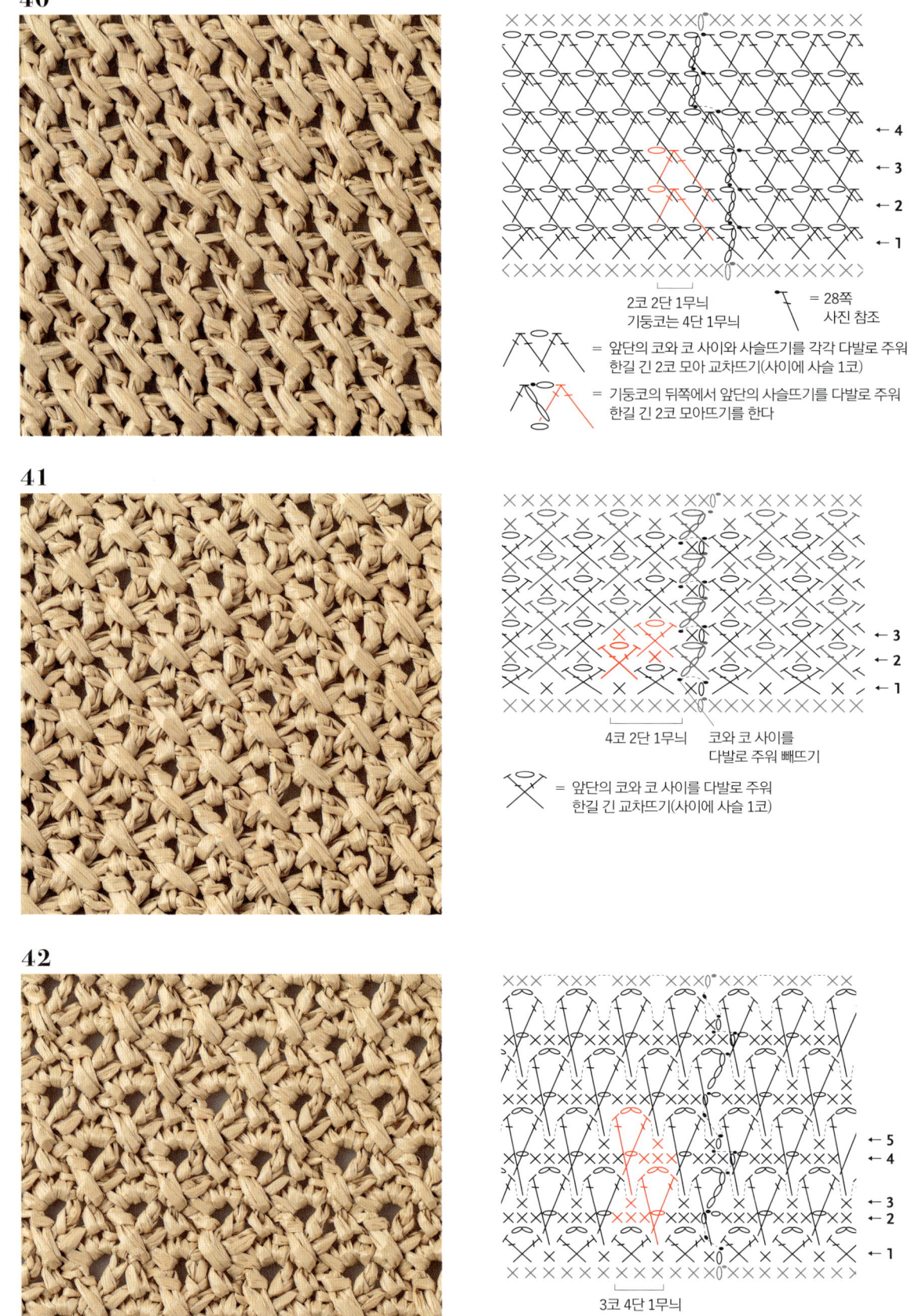

43

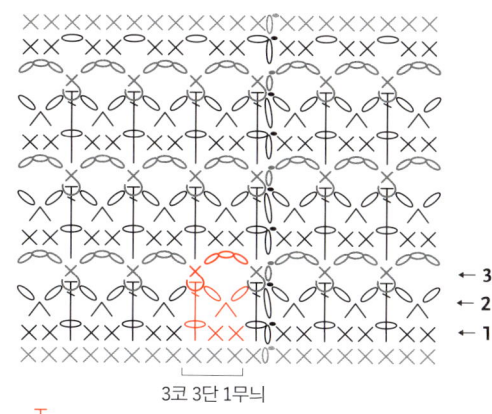
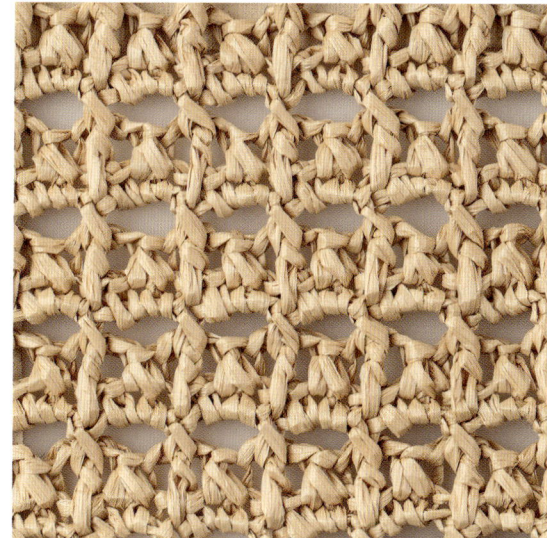

3코 3단 1무늬

= 앞앞단을 주워서 한길 긴뜨기를 한다
  (앞단을 감싸면서 뜬다)

=

44

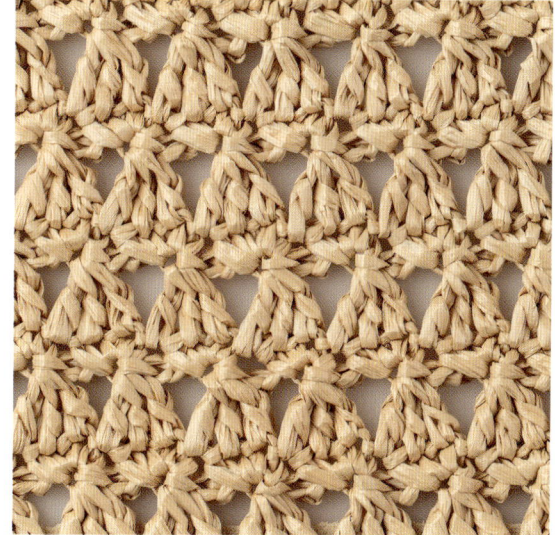

← 마지막 단
← 4
← 3
← 2
← 1

3코 4단 1무늬   앞단의 한길 긴뜨기 다리를 갈라
              짧은뜨기를 떠넣는다

=
=
=
= 앞단의 사슬코에 빼뜨기

45

← 6
← 5
← 4
← 3
← 2
← 1

3코 2단 1무늬
기둥코는 6단 1무늬

=

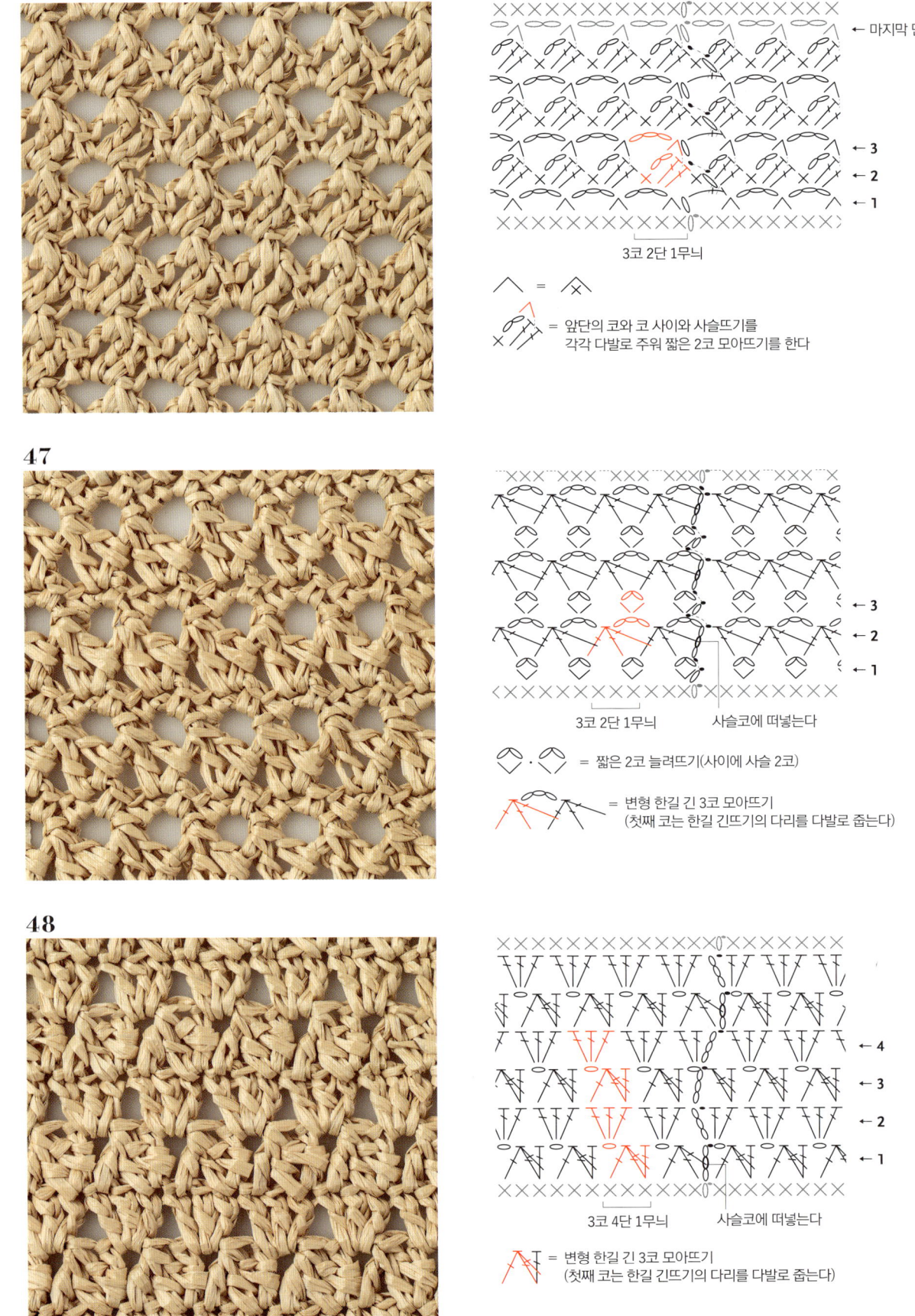

49

3코 2단 1무늬

= 변형 한길 긴 3코 모아뜨기
(첫째 코는 한길 긴뜨기의 다리를 다발로 줍는다)

50

3코 2단 1무늬 사슬코에 떠넣는다

= 변형 한길 긴 3코 모아뜨기
(첫째 코는 한길 긴뜨기의 다리를 갈라서 2가닥을 뜬다)
(아래 사진 참조)

 변형 한길 긴 3코 모아뜨기(갈라서 2가닥을 뜬다)

1	2	3	4	5	6
	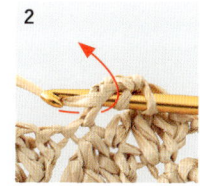				
바늘에 실을 걸고 조금 전에 뜬 한길 긴뜨기의 다리 2가닥을 뜬다.	바늘에 실을 걸고 끌어내어 미완성 한길 긴뜨기를 한다.	바늘에 실을 걸고 앞단의 코에 미완성 한길 긴뜨기를 2코 더 뜬다.	바늘에 실을 걸고 바늘에 걸려 있는 고리를 한 번에 뺀다.	변형 한길 긴 3코 모아뜨기를 했다.	사슬 1코를 뜬 모습.

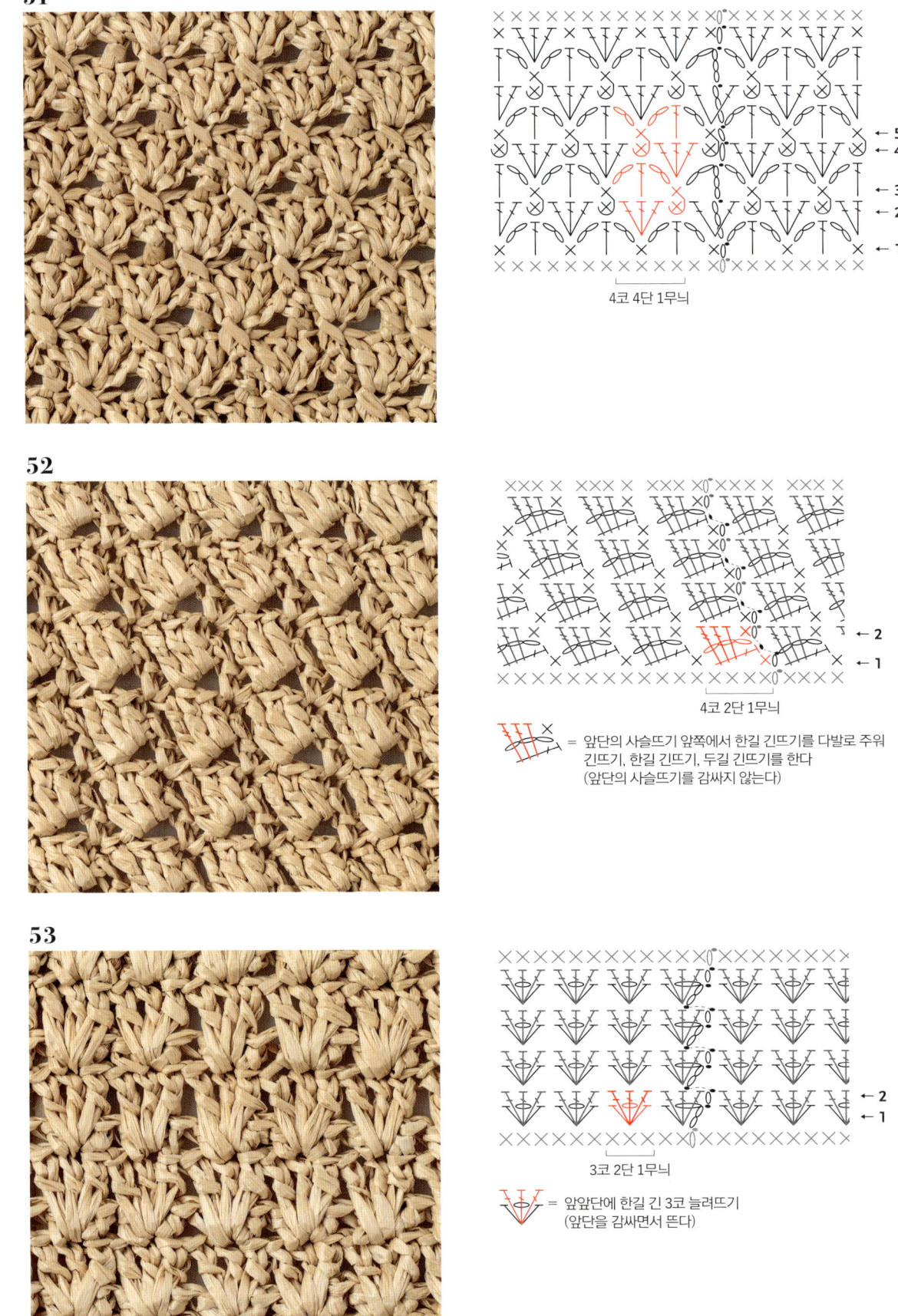

54

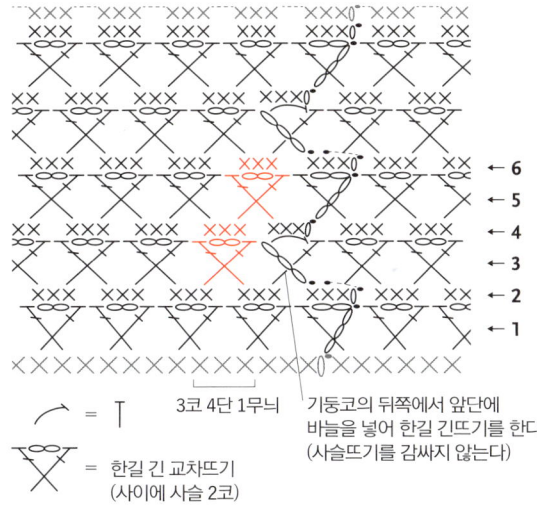
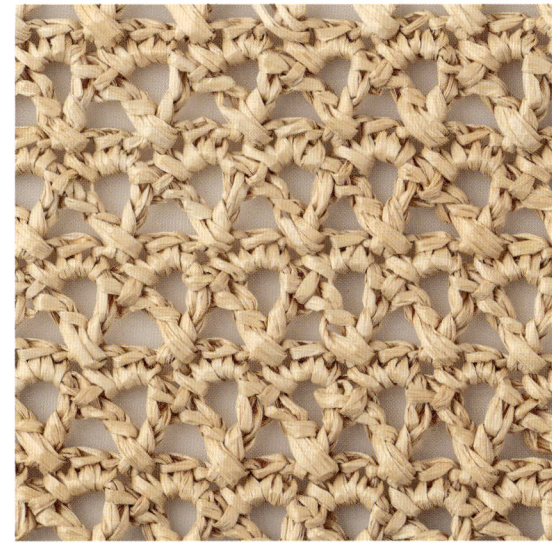

3코 4단 1무늬

기둥코의 뒤쪽에서 앞단에 바늘을 넣어 한길 긴뜨기를 한다 (사슬뜨기를 감싸지 않는다)

= 한길 긴 교차뜨기 (사이에 사슬 2코)

55

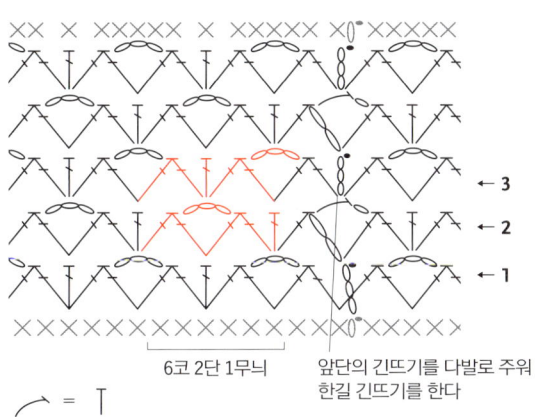

6코 2단 1무늬

앞단의 긴뜨기를 다발로 주워 한길 긴뜨기를 한다

56

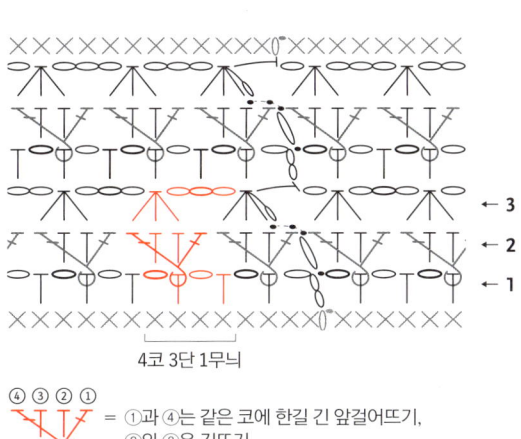

4코 3단 1무늬

④ ③ ② ① = ①과 ④는 같은 코에 한길 긴 앞걸어뜨기, ②와 ③은 긴뜨기

= 21쪽 사진 참조

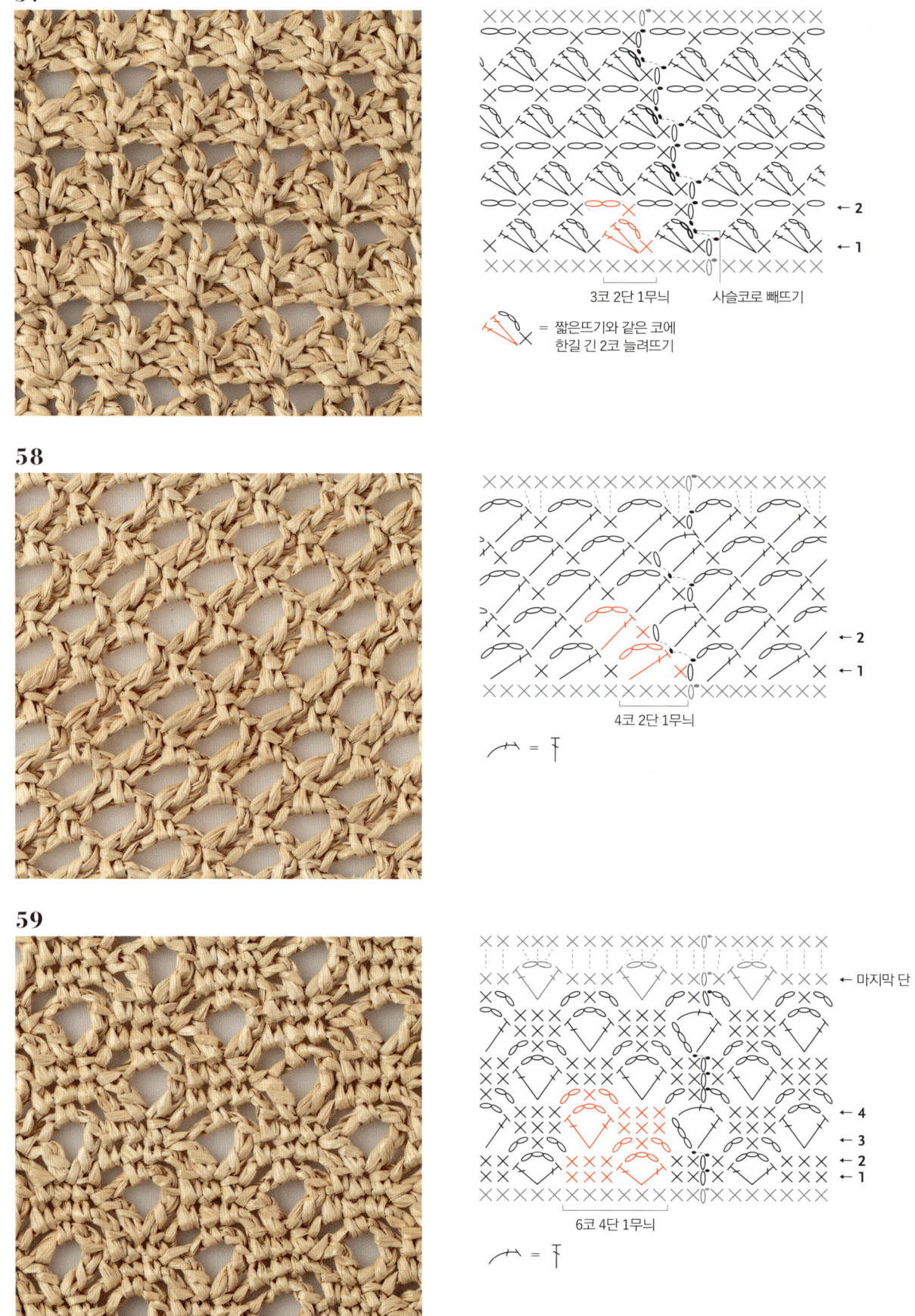

60

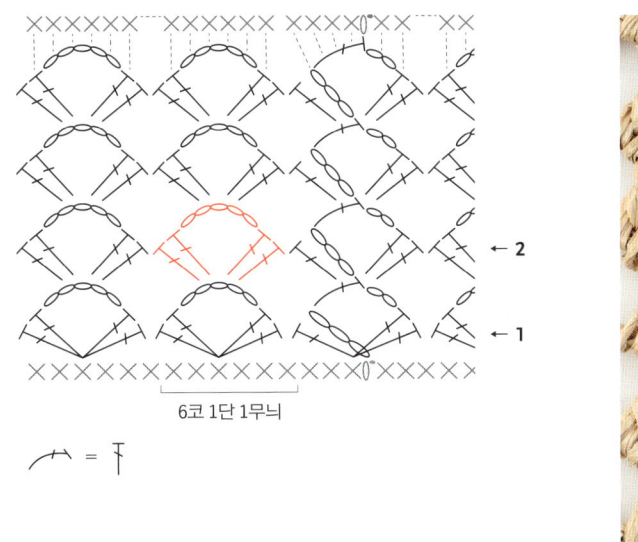

6코 1단 1무늬

∧ = ╈

61

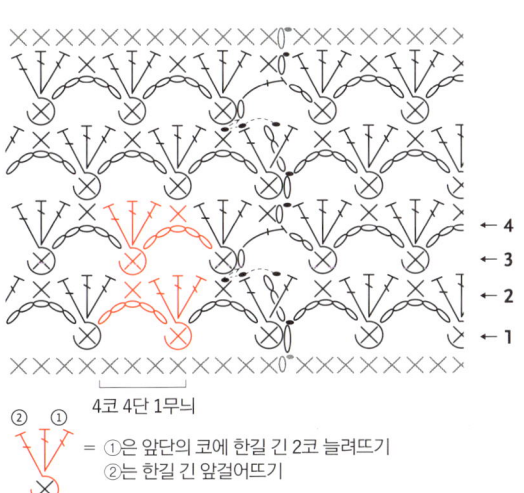

4코 4단 1무늬

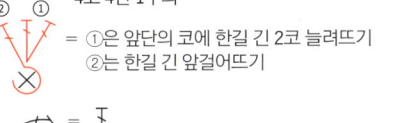
= ①은 앞단의 코에 한길 긴 2코 늘려뜨기
②는 한길 긴 앞걸어뜨기

∧ = ╈

62

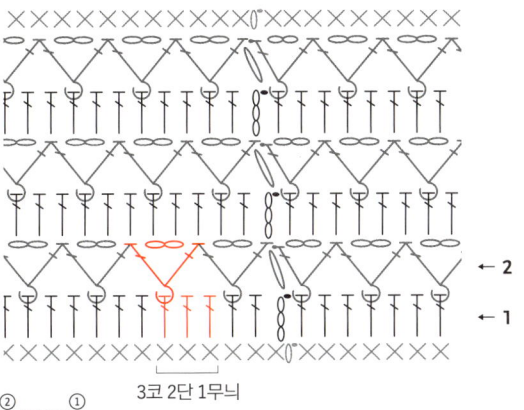

3코 2단 1무늬

= ①과 ②는 같은 코에 한길 긴 앞걸어뜨기 (사이에 사슬 2코)

= 28쪽 사진 참조

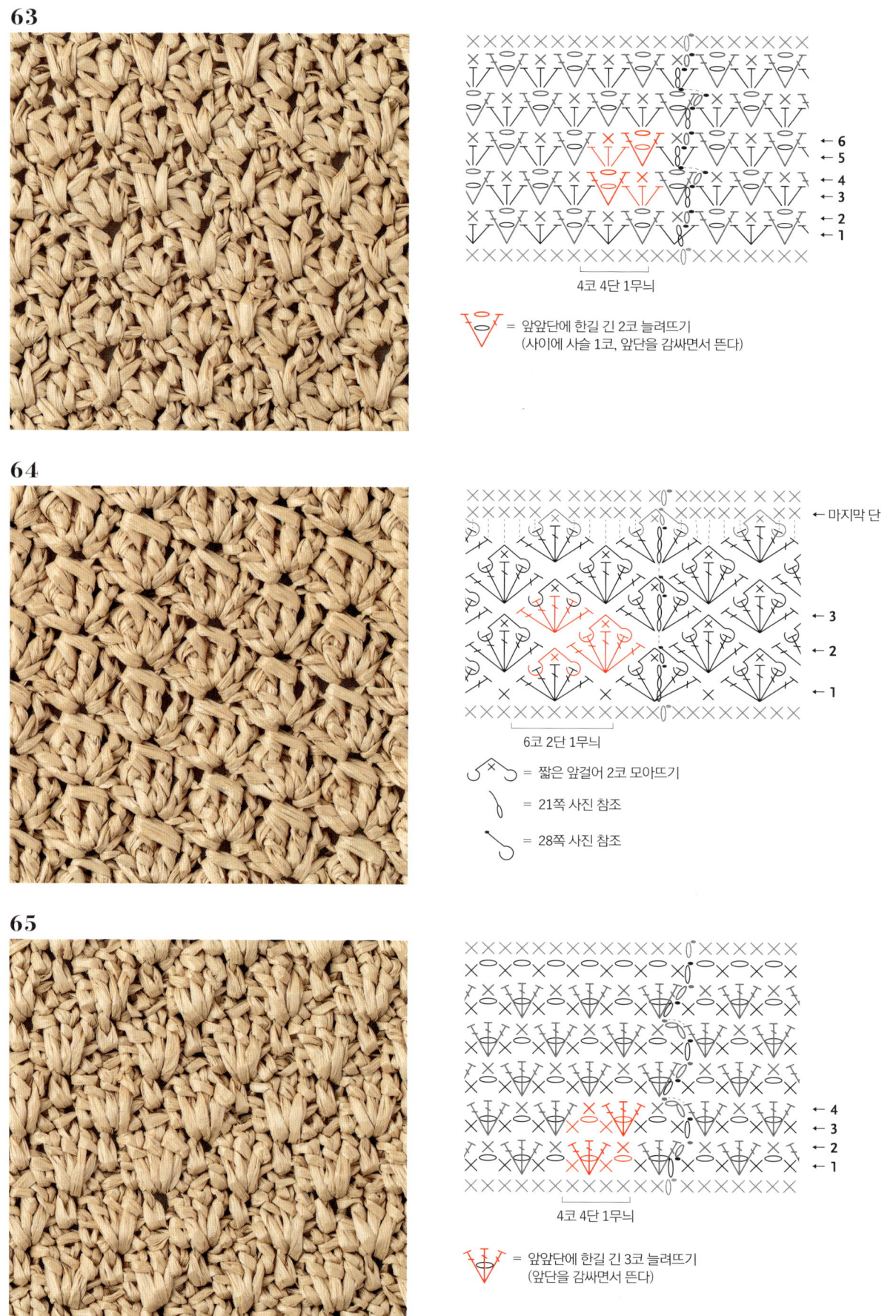

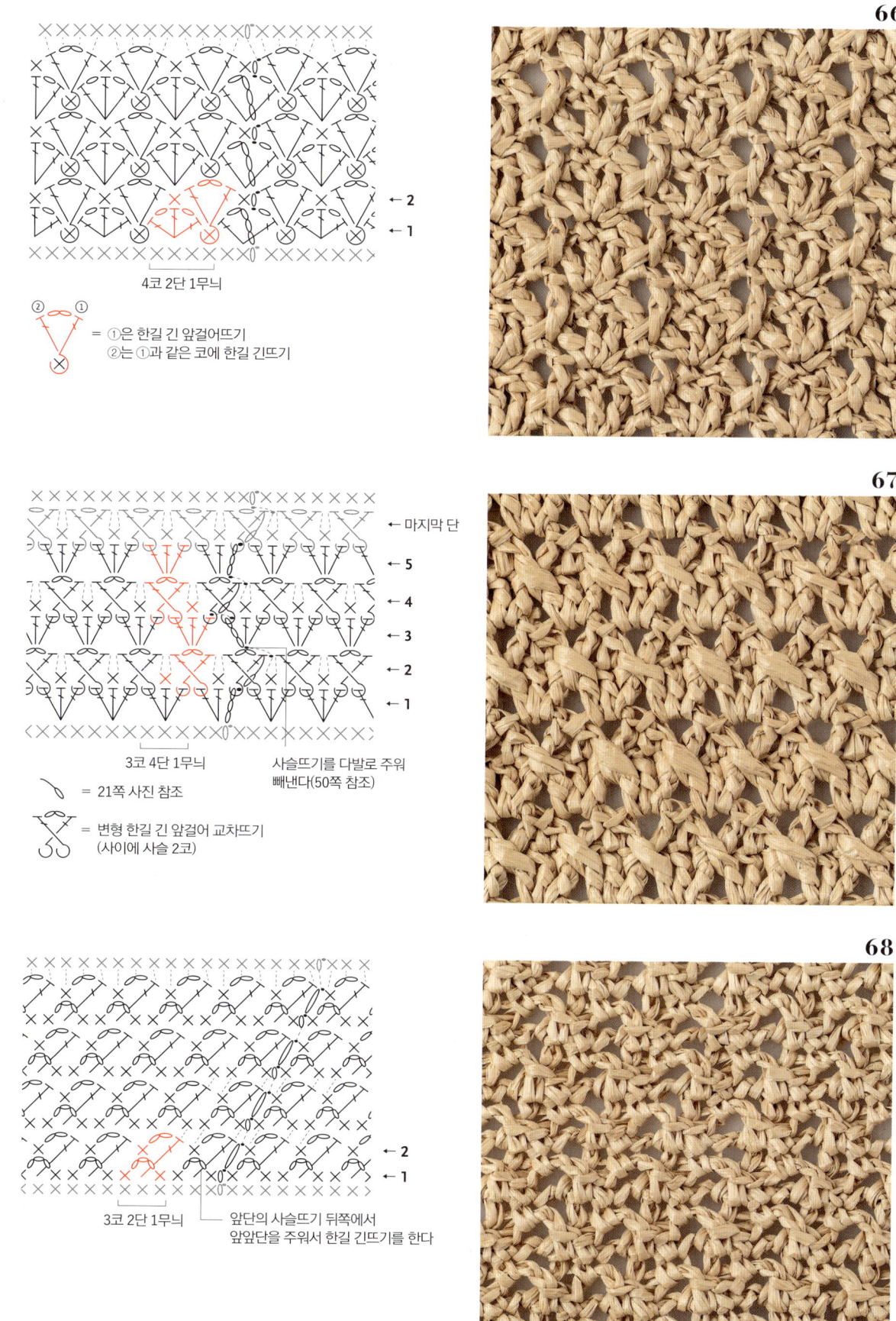

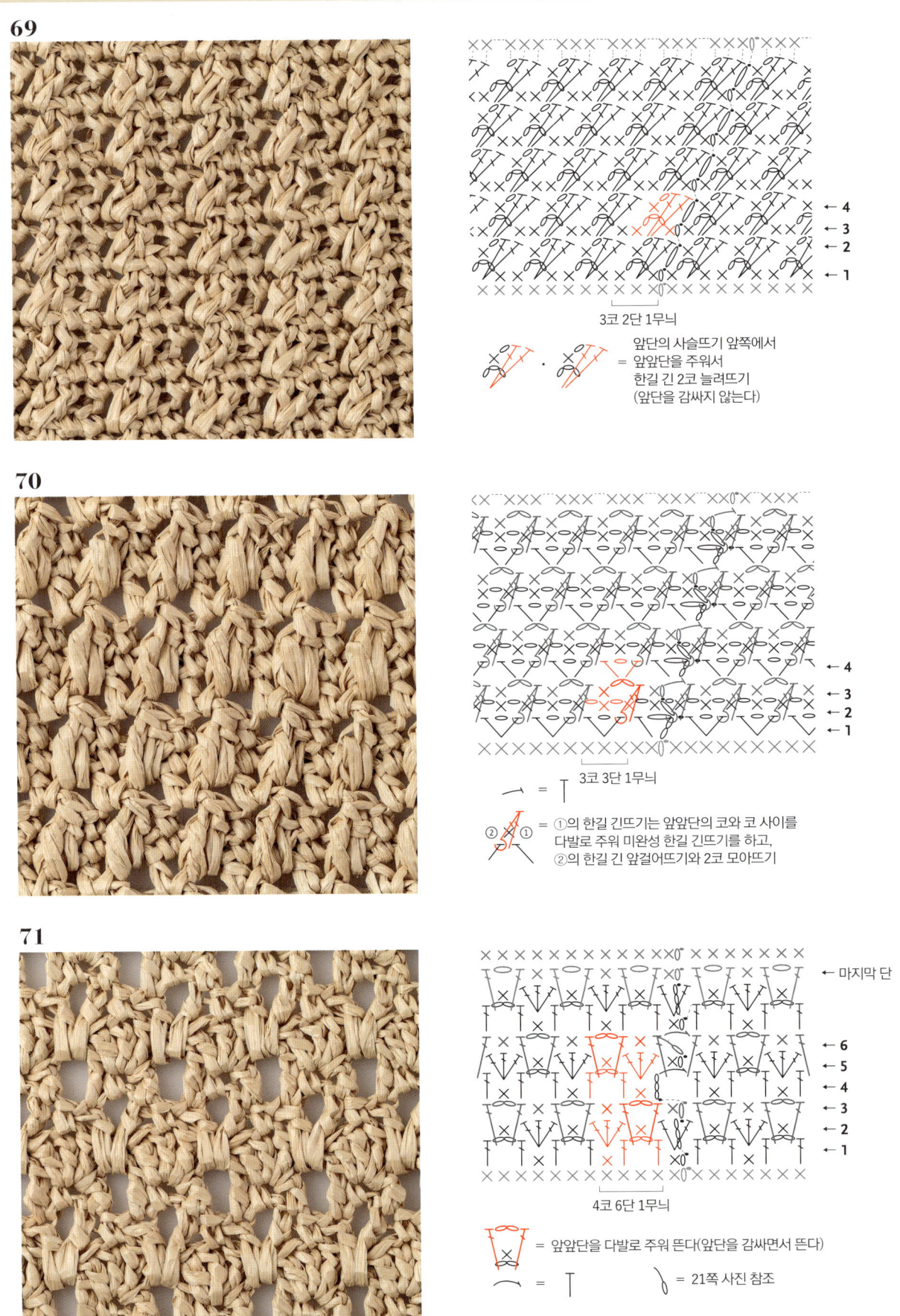

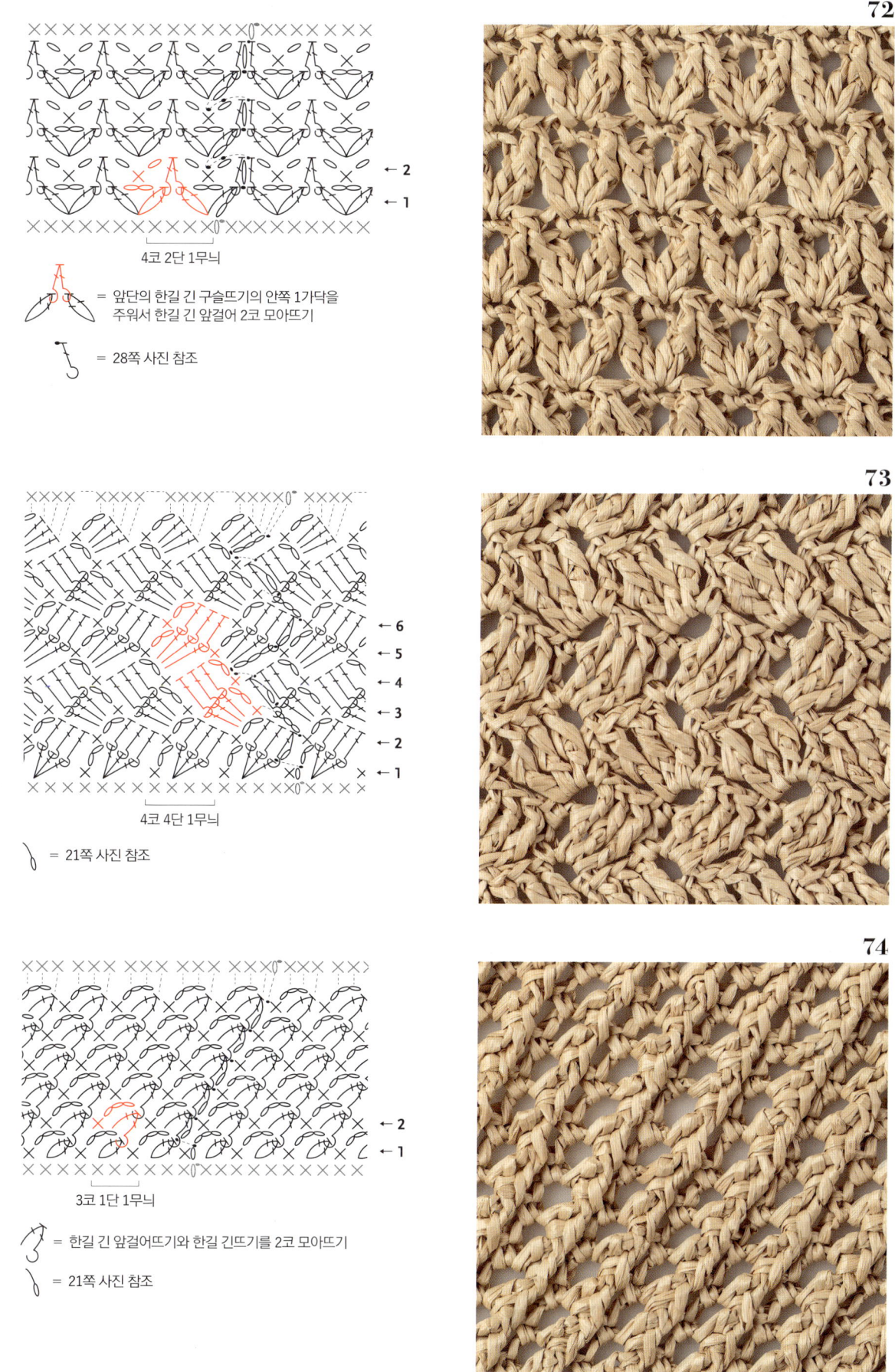

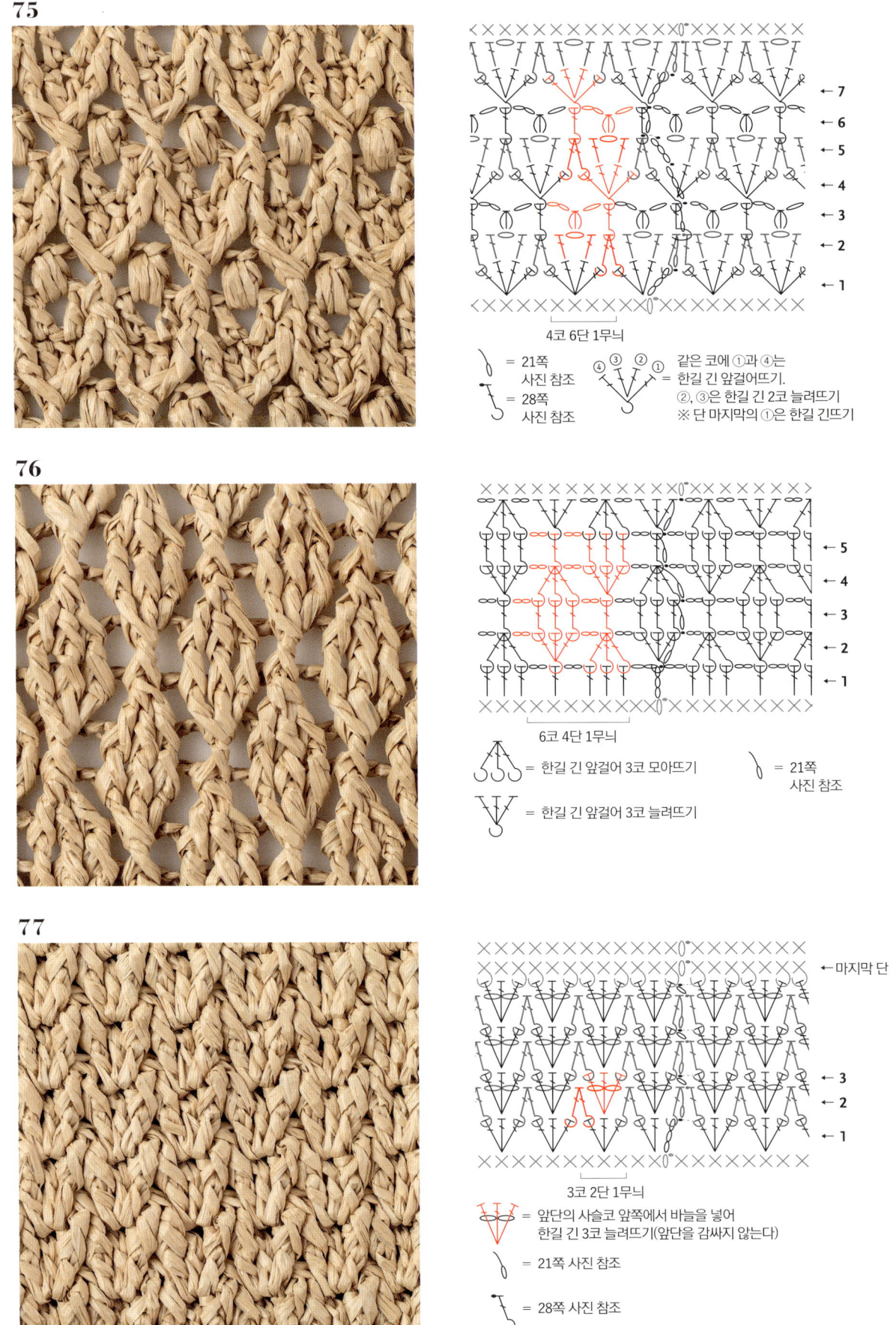

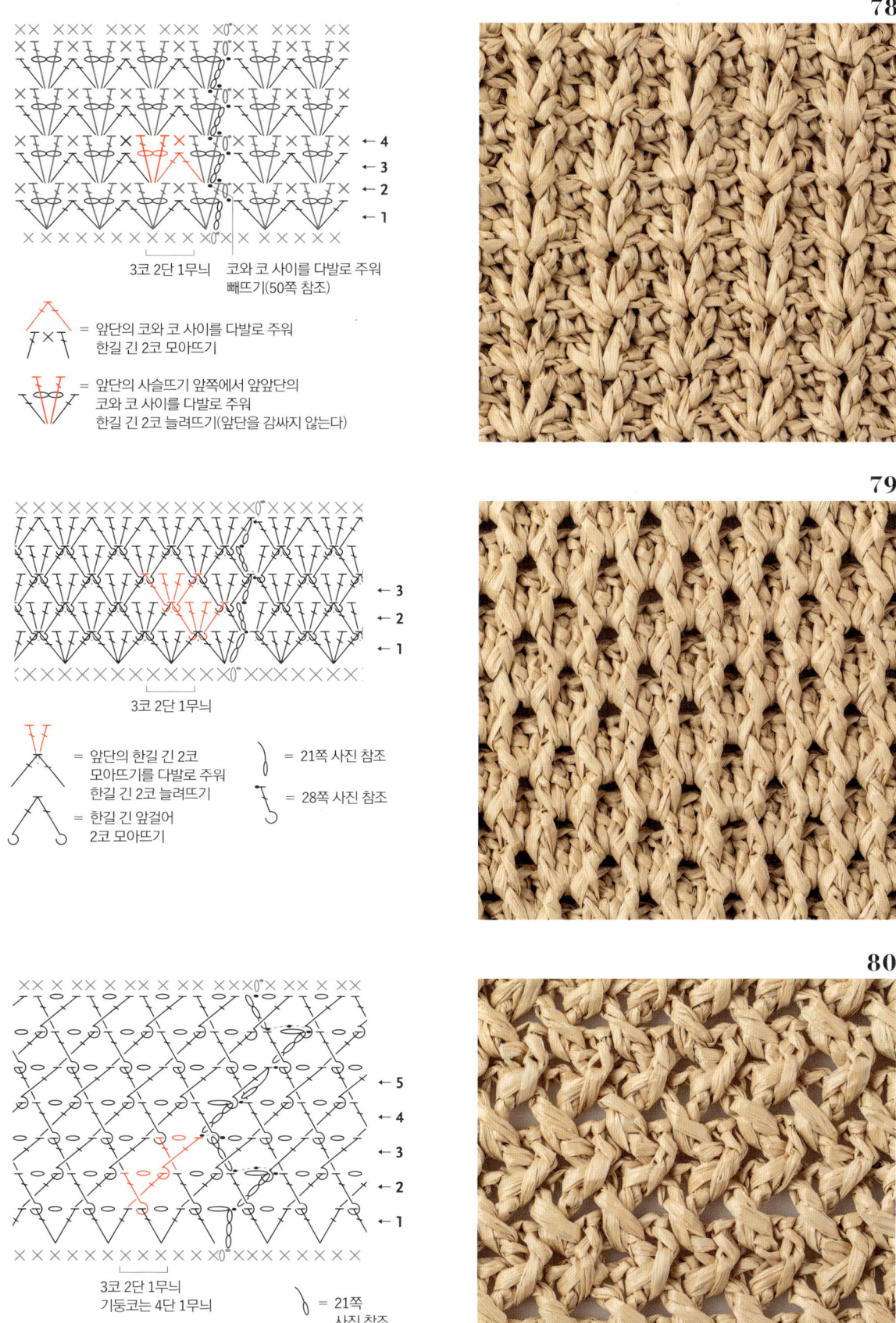

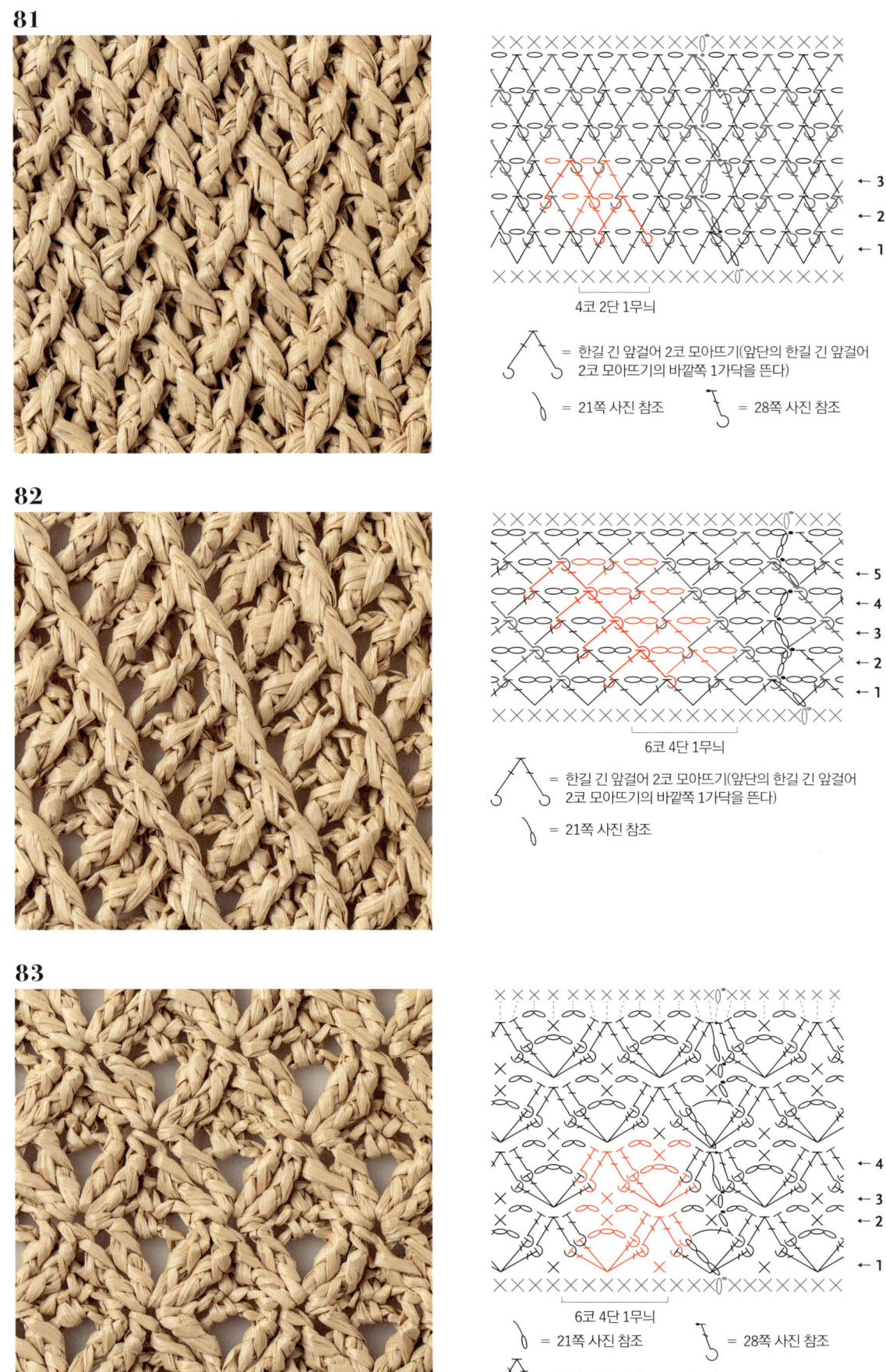

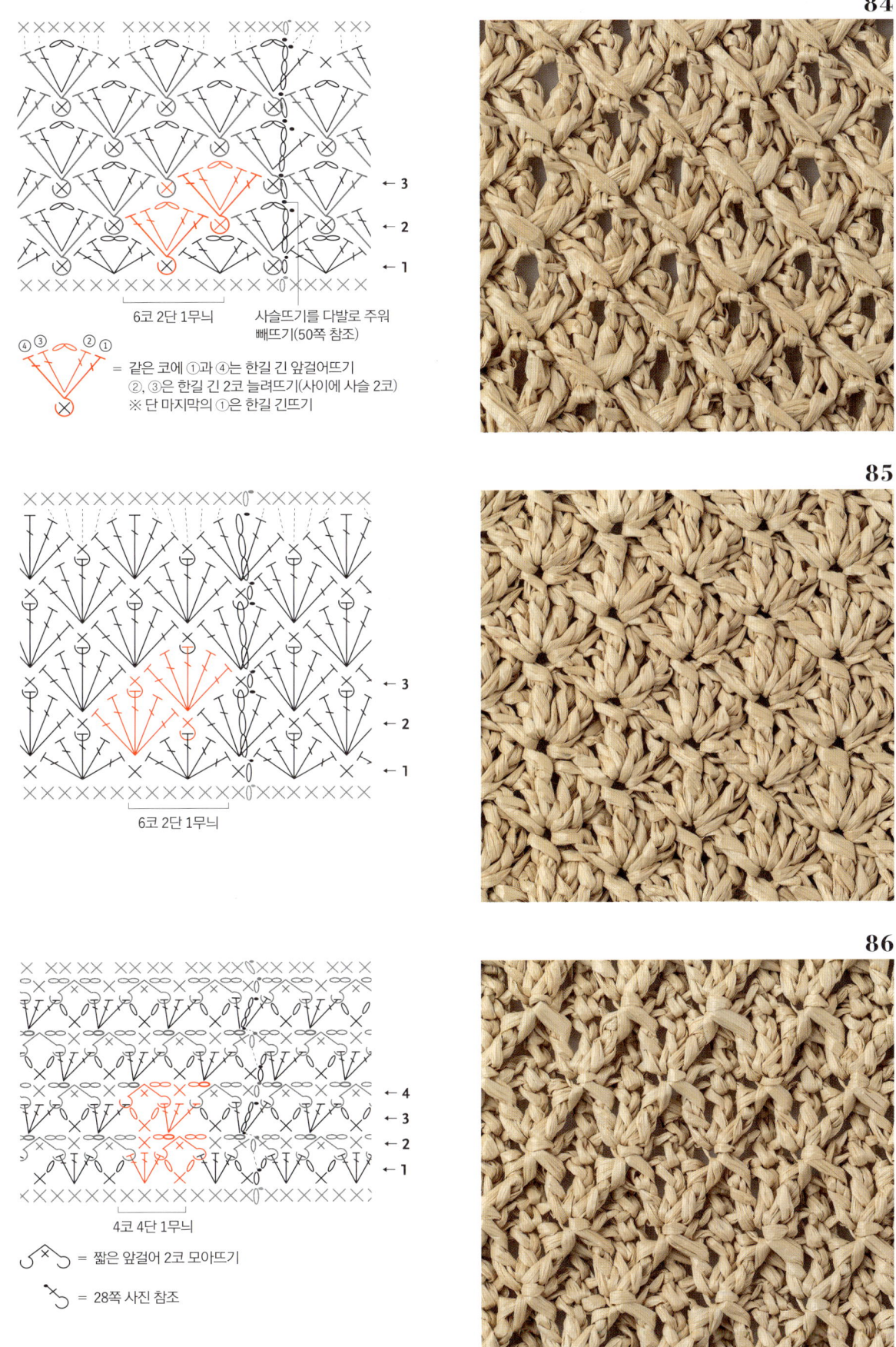

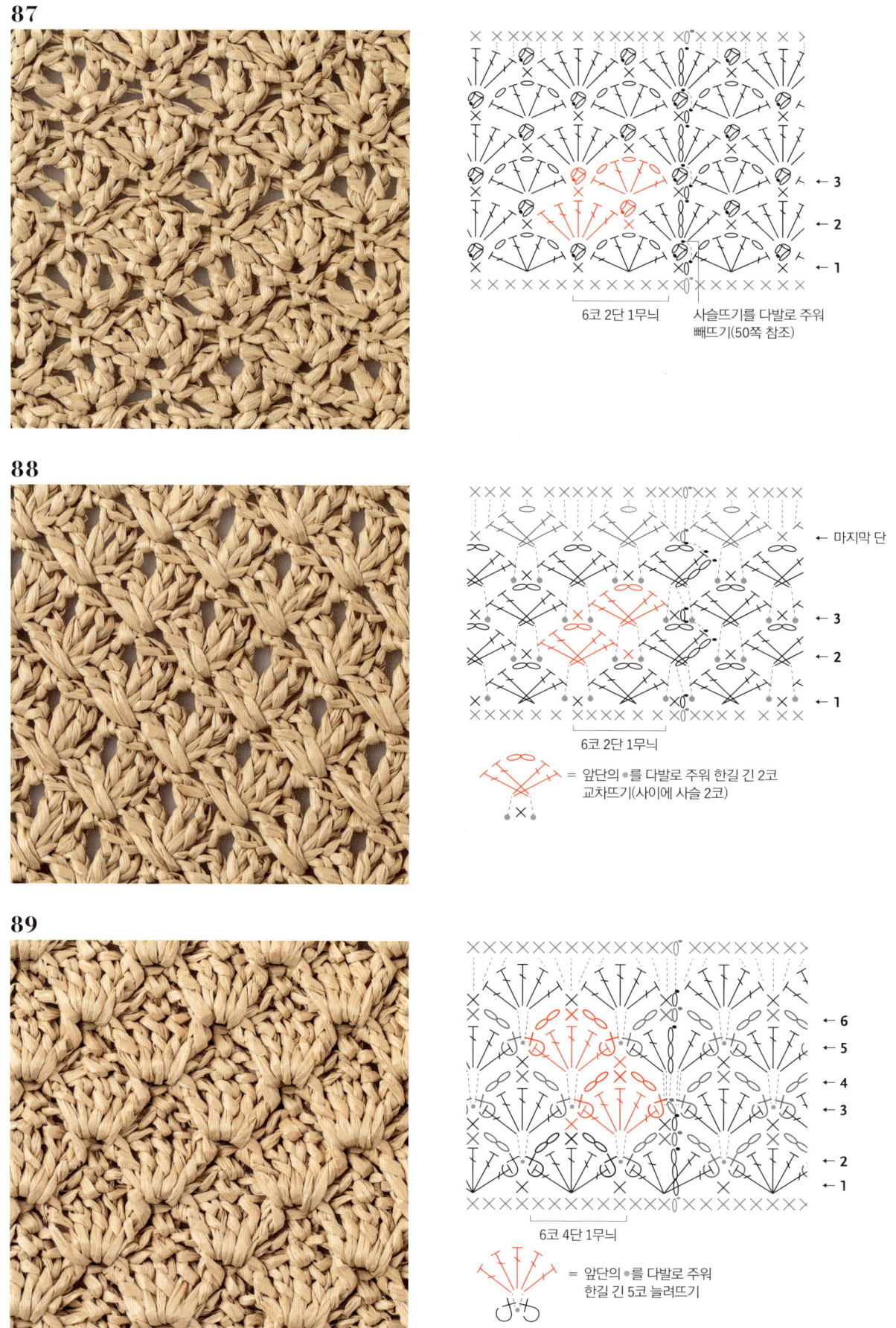

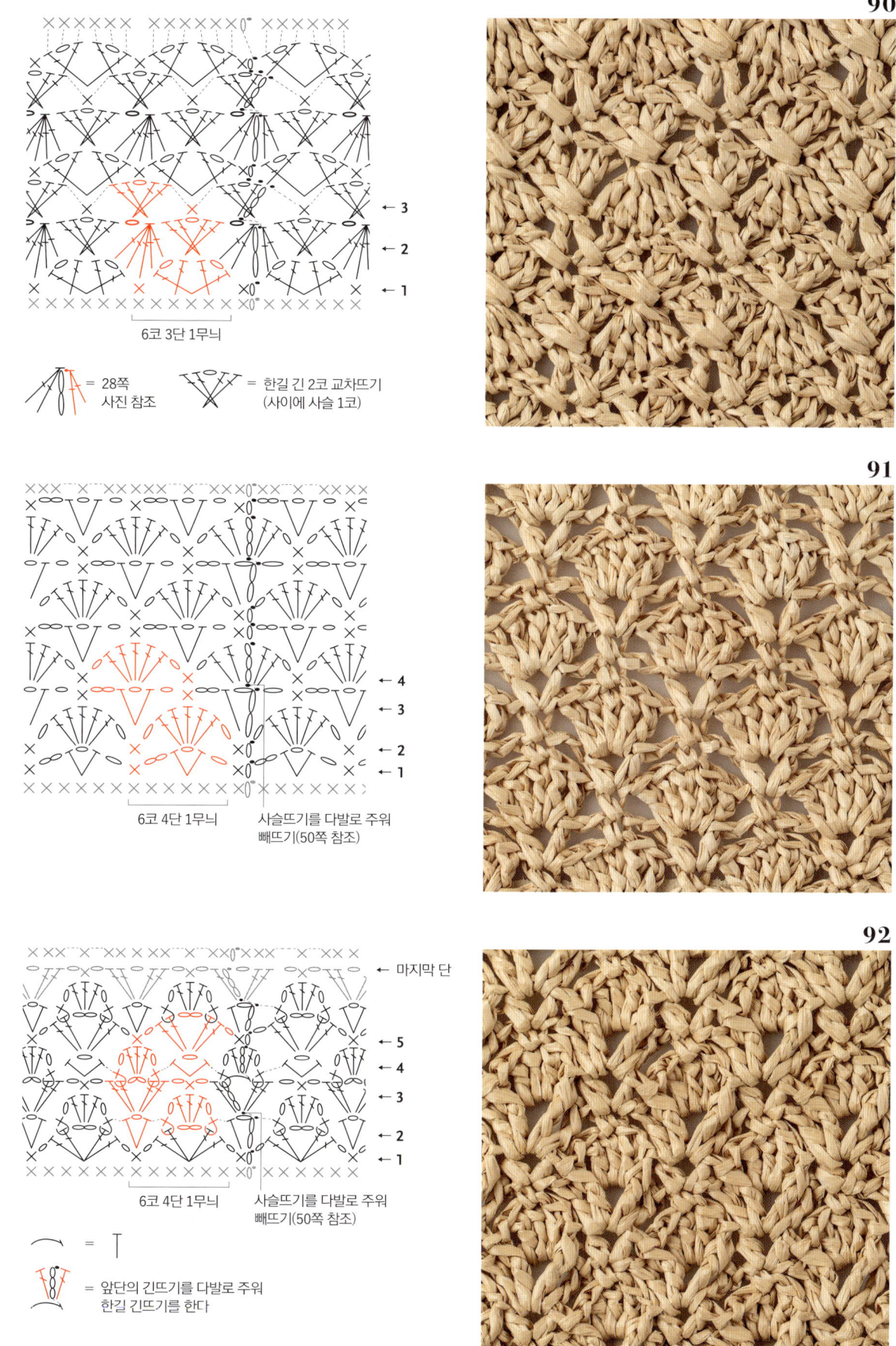

93

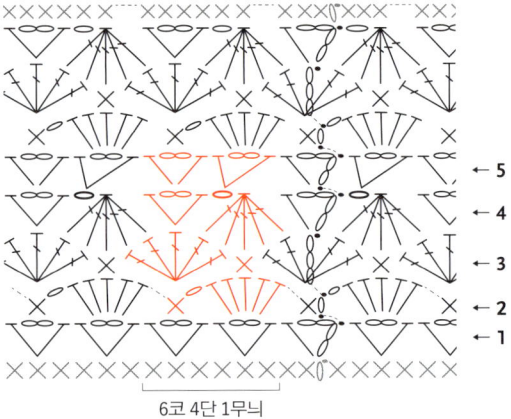

6코 4단 1무늬

94

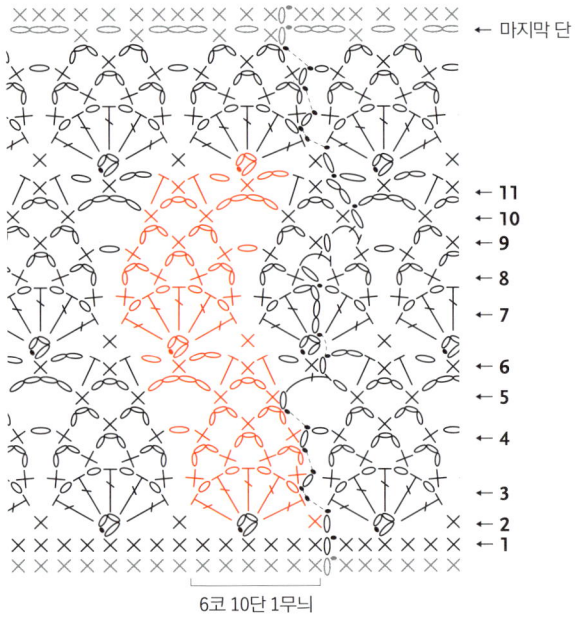

마지막 단

6코 10단 1무늬

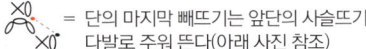 = 단의 마지막 빼뜨기는 앞단의 사슬뜨기를 다발로 주워 뜬다(아래 사진 참조)

⌒ = ᅮ

 다발로 주워 빼뜨기

1

화살표처럼 사슬뜨기를 다발로 주워 실을 걸어 빼 낸다.

2
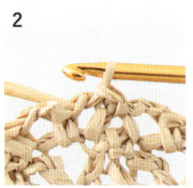
빼뜨기를 한 모습.

95

6코 2단 1무늬

96

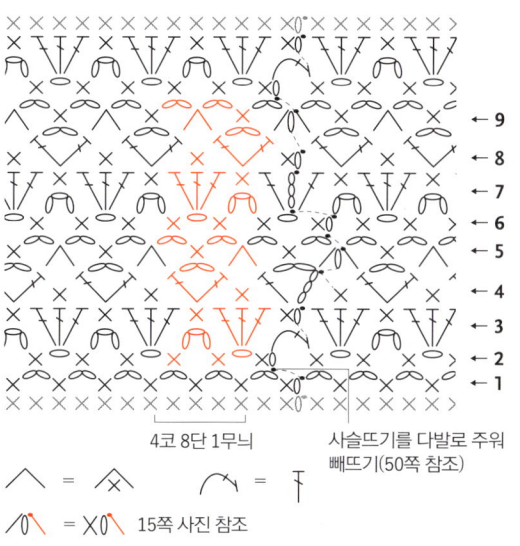

4코 8단 1무늬

사슬뜨기를 다발로 주워 빼뜨기(50쪽 참조)

15쪽 사진 참조

97

한길 긴뜨기 무늬

겉쪽(안쪽을 겉면으로 사용한다)

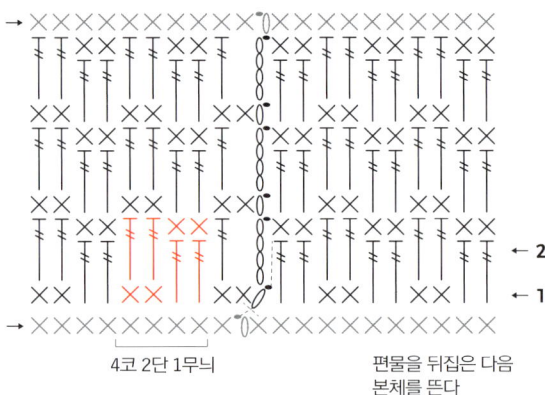

4코 2단 1무늬

편물을 뒤집은 다음 본체를 뜬다

98

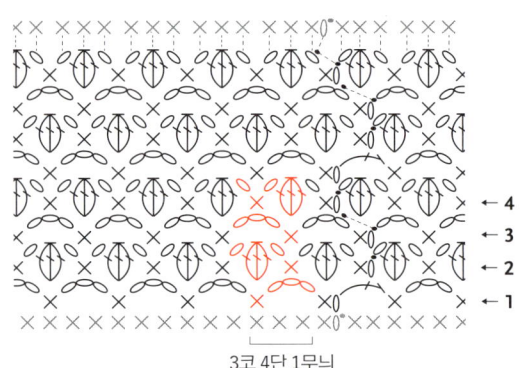

3코 4단 1무늬

겉쪽(안쪽을 겉면으로 사용한다)

편물을 뒤집은 다음 가장자리뜨기를 한다

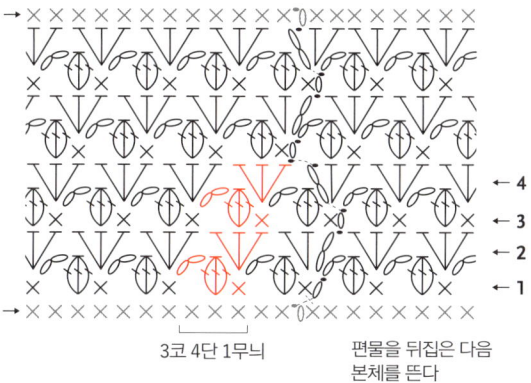

← 4
← 3
← 2
← 1

3코 4단 1무늬

편물을 뒤집은 다음 본체를 뜬다

 한길 긴 3코 구슬뜨기

1	2	3	4	

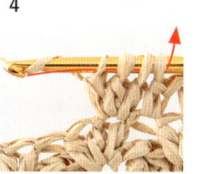

1. 바늘에 실을 걸고 화살표처럼 바늘을 넣어서 실을 끌어내어 미완성 한길 긴뜨기를 한다.
2. 바늘에 실을 걸고 끌어내어 같은 코에 미완성 한길 긴뜨기를 한다.
3. 바늘에 실을 걸고 끌어내어 같은 코에 미완성 한길 긴뜨기를 한다.
4. 미완성 한길 긴뜨기를 3코 뜬 다음 실을 걸고 바늘에 걸려 있는 고리를 한 번에 뺀다.

한길 긴 3코 구슬뜨기를 한 모습.

100

한길 긴뜨기 무늬

2코 2단 1무늬

1단 (겉쪽에서 뜨는 단)

1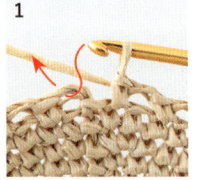
사슬 1코, 짧은뜨기 1코를 반복하여 한 바퀴 뜬다. 단의 마지막은 첫째 코의 사슬코에 바늘을 넣고 실을 빼낸다.

2
1단을 떴다.

2단 (안쪽에서 뜨는 단)

3
기둥코로 사슬 1코를 뜨고, 편물을 안쪽으로 뒤집는다. 앞단 첫째 코의 사슬뜨기를 다발로 주워 짧은뜨기를 한다.

4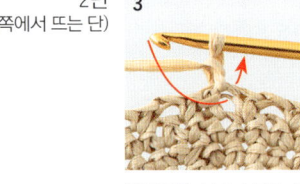
짧은뜨기를 떴다. 바늘에 실을 걸고 앞앞단(3의 바로 아래 코)에 바늘을 넣는다.

5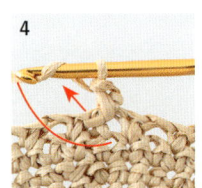
실을 사슬 3코 길이로 끌어낸다. 바늘에 실을 걸고 한길 긴뜨기를 한다.

6
한길 긴뜨기를 떴다. 앞단의 사슬뜨기를 다발로 주워 짧은뜨기를 한다.

7
짧은뜨기를 떴다. 바늘에 실을 걸고 앞앞단(6의 바로 아래 코)에 바늘을 넣어 한길 긴뜨기를 한다.

8
한길 긴뜨기를 떴다.

9
6~8을 반복하여 한 바퀴 뜬다.

10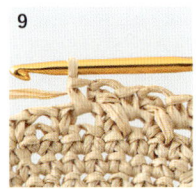
단의 마지막은 첫 번째 짧은뜨기의 머리에 바늘을 넣고 빼뜨기를 한다.

11
2단을 떴다.

3단 (겉쪽에서 뜨는 단)

12
기둥코로 사슬 1코를 뜨고, 편물을 겉쪽으로 뒤집는다. 바늘에 실을 걸고 앞앞단을 주워서 한길 긴뜨기를 한다.

13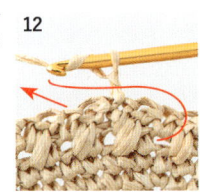
한길 긴뜨기를 떴다. 화살표처럼 앞단의 한길 긴뜨기 머리에 바늘을 넣어 짧은뜨기를 한다.

바닥	본체	손잡이
A	100	a변형
16단	25단	2단

뜨는 법 85쪽

14
짧은뜨기를 떴다. 화살표처럼 앞앞단을 주워서 한길 긴뜨기를 한다.

15
한길 긴뜨기를 떴다. 13, 14를 반복한다.

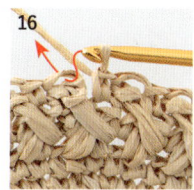

16
단의 마지막 빼뜨기는 한길 긴뜨기의 머리에 바늘을 넣어 빼뜨기를 한다.

17
3단을 떴다.

4단
(안쪽에서 뜨는 단)

18
기둥코로 사슬 1코를 뜨고, 편물을 안쪽으로 뒤집는다. 앞단 첫째 코의 한길 긴뜨기 머리에 바늘을 넣어 짧은뜨기를 한다.

19
앞앞단의 한길 긴뜨기 머리에 바늘을 넣어 한길 긴뜨기를 한다.

20
앞단의 한길 긴뜨기 머리에 바늘을 넣어 짧은뜨기를 한다.

21
19, 20을 반복하여 한 바퀴 뜬다. 단의 마지막은 짧은뜨기의 머리에 빼뜨기를 한다.

22
4단을 떴다.

5단
(겉쪽에서 뜨는 단)

23
기둥코로 사슬 1코를 뜨고, 편물을 겉쪽으로 뒤집는다. 앞앞단의 한길 긴뜨기 머리에 바늘을 넣어 한길 긴뜨기를 한다.

24
앞단의 한길 긴뜨기 머리에 바늘을 넣어 짧은뜨기를 한다.

25
앞앞단의 한길 긴뜨기 머리에 바늘을 넣어 한길 긴뜨기를 한다.

26
24, 25를 반복하여 한 바퀴 뜬다. 단의 마지막은 한길 긴뜨기의 머리에 빼뜨기를 한다.

27
5단을 떴다. 나머지는 4단, 5단을 반복한다.

STEP 3 손잡이 뜨기

손잡이의 길이와 굵기는 가방의 크기나 용도에 맞춰서 조절하세요.

a 각진형

= 실을 자른다

시작코의 양쪽 끝과 위쪽은 사슬 반 코와 코산을, 아래쪽은 사슬 반 코를 줍는다.
사슬뜨기에서 줍는 짧은뜨기는 다발로 줍는다.

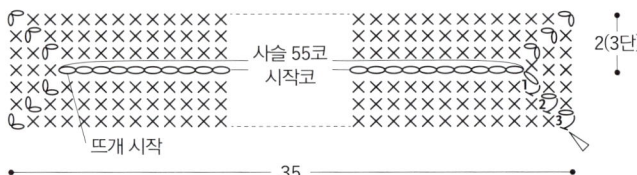

b 둥근형

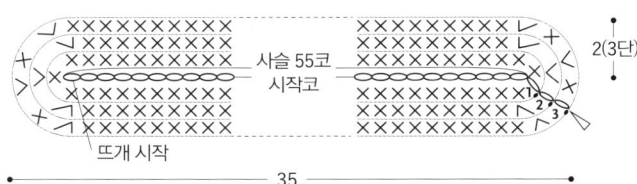

c 삼각형

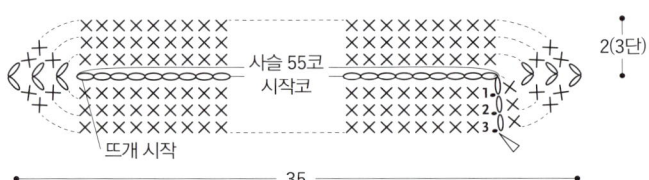

d 3줄 땋기

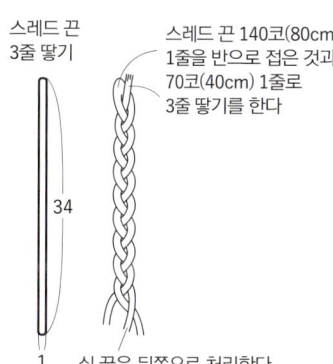

스레드 끈 3줄 땋기

34

1

스레드 끈 140코(80cm) 1줄을 반으로 접은 것과 70코(40cm) 1줄로 3줄 땋기를 한다

실 끝은 뒤쪽으로 처리한다

e 4줄 땋기

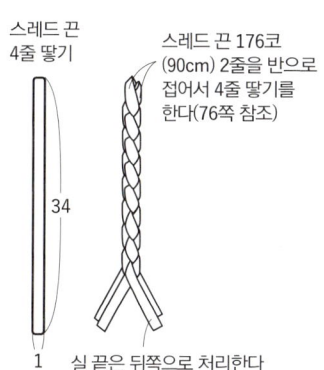

스레드 끈 4줄 땋기

34

1

스레드 끈 176코(90cm) 2줄을 반으로 접어서 4줄 땋기를 한다(76쪽 참조)

실 끝은 뒤쪽으로 처리한다

f 일체형

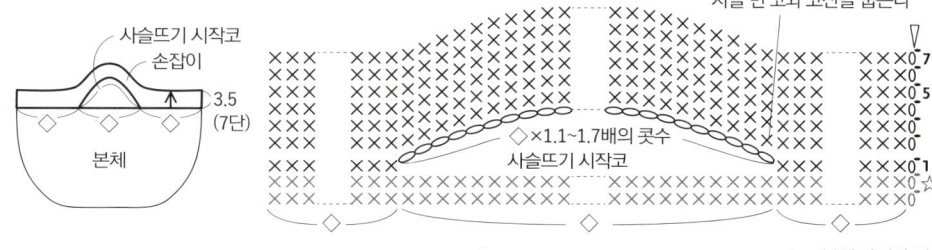

사슬뜨기 시작코 손잡이

3.5 (7단)

본체

사슬 반 코와 코산을 줍는다

×1.1~1.7배의 콧수
사슬뜨기 시작코

☆ = 본체 마지막 단

손잡이 다는 방법

본체를 6등분한 위치에 2~5cm 겹쳐서 돗바늘로 꿰매 단다(a~e 공통).
앞뒤 동일하게 2개(한 줄 스트랩만 1개)를 단다.

a 겉쪽에 단다

b 겉쪽에 단다

c 겉쪽에 단다
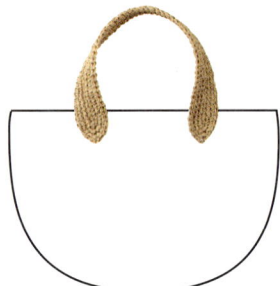

a 안쪽에 단다

b 고리로 단다 고리 뜨는 방법은 P.83

d·e 겉쪽에 단다

d·e 안쪽에 단다

a 한 줄 스트랩 겉쪽에 단다

a 한 줄 스트랩 안쪽에 단다

abc의 변형

손잡이를 반으로 접고, 빼뜨기를 하면 손잡이가 두툼해져서 튼튼합니다.
다는 위치는 손잡이 다는 방법과 같습니다.

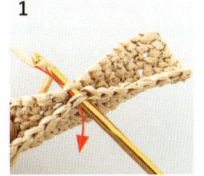

빼뜨기

1. 손잡이를 안쪽끼리 맞대어 반으로 접고 지정 위치에 코바늘을 넣어서 실을 걸어 끌어낸다.
2. 실을 끌어낸 모습. 왼쪽 옆 코에 바늘을 넣고 실을 걸어 빼낸다.
3. 왼쪽 옆 코에 1코씩 실을 걸어 빼내기를 반복한다.

a 반 접은 손잡이를 겉쪽에 단다

b 반 접은 손잡이를 겉쪽에 단다

c 반 접은 손잡이를 겉쪽에 단다

a 반 접은 손잡이를 안쪽에 단다

a 가운데를 반 접은 손잡이를 겉쪽에 단다

c 반 접은 한 줄 스트랩 겉쪽에 단다

STEP up
어레인지 가방

바닥	본체	손잡이
C	73	e
49코	16단	79cm

뜨는 법 86쪽

바닥	본체	손잡이	어깨끈
E	32	f	a
8단	20단	5단	3단

뜨는 법 88쪽

바닥	본체	손잡이
D	09	f
6단	26단	5단

뜨는 법 95쪽

바닥	본체	손잡이
B	**100**	**a**변형
20단	31단	3단

뜨는 법 90쪽

바닥	본체	손잡이
B	07	a변형
16단	26단	3단

뜨는 법 92쪽

바닥	본체	손잡이
C	**79**	**a**
55코	32단	3단

뜨는 법 93쪽

바닥	본체	손잡이
D	24	b변형
9단	27단	3단

뜨는 법 94쪽

바닥	본체	손잡이
A	97	a
24단	26단	3단

뜨는 법 97쪽

바닥	본체	손잡이
E	77	c변형
10단	31단	3단

뜨는 법 96쪽

바닥	본체	손잡이
A	84	b응용
7단	16단	2단

뜨는 법 98쪽

바닥	본체	손잡이
A	84	b
18단	21단	3단

뜨는 법 99쪽

How to make

바닥	본체	손잡이
A	100	a변형
16단	25단	2단

뜨는 법 77쪽

코바늘 뜨기를 시작하기 전에 읽어보세요!

게이지에 관해서

게이지란 뜨개코의 크기를 나타내는 것으로, 가로세로 10cm 안에 들어가는 콧수와 단수를 말합니다. 콧수와 단수가 동일해도 뜨는 사람에 따라서 뜨개코의 크기가 달라지므로 가방 본체 100가지 패턴에는 게이지를 적지 않았습니다. 작품별 게이지는 뜨는 법 페이지에 적혀 있으니 참고하세요.

바닥과 본체의 콧수 맞추기

이 책에 실린 100가지 패턴은 1무늬의 콧수가 1코, 2코, 3코, 4코, 6코의 5종류입니다.
6~9쪽의 가방은 바닥의 마지막 단이 108코이므로 모든 패턴이 1무늬의 콧수로 정확히 나누어떨어집니다. 바닥의 단수를 바꾸고 싶을 때는 반드시 마지막 단의 콧수가 1무늬의 콧수로 나누어떨어지는지 확인해 보세요.
나누어떨어지지 않을 때는 단수를 바꾸거나 마지막 단의 콧수를 증감하여 조절하세요. 정사각형 바닥은 모서리에서 1~2코 늘리면 고르게 코를 늘릴 수 있습니다(90, 92쪽 참조).
납작형 바닥의 시작코 콧수는 '1무늬×가방 한쪽 면의 무늬 개수+1코'(예: 6코×9무늬+1코=55코)가 됩니다. 첫째 단의 코 줍는 방법은 80, 81쪽을 참조하세요.

일체형 손잡이의 기둥코 위치 조절

원형뜨기는 기둥코 위치가 좌우 어느 한쪽으로 치우치는 무늬가 있습니다. 일체형 손잡이는 옆선에서 뜨기 시작하는 손잡이이므로 본체를 모두 뜬 다음 기둥코의 위치를 확인하고 조절하세요. 옆선으로 실을 건네거나(89쪽 참조) 실을 자르고 옆선에 새로운 실을 이어서 뜨면 됩니다.

간단한 크기 조절

완성한 가방을 좀 더 작게 또는 크게 뜨고 싶을 때 코바늘의 굵기를 바꾸는 것만으로 간단하게 크기를 조절할 수 있습니다. 굵은 코바늘로 바꾸면 '느슨한 뜨개코', 가는 코바늘을 사용하면 '촘촘한 뜨개코'의 가방이 완성됩니다.

교차뜨기 뜨개 기호

아래의 왼쪽 '한길 긴 교차뜨기'는 ②의 한길 긴뜨기를 할 때 바늘을 앞쪽에서 넣어 ①을 감싸면서 뜹니다. 오른쪽의 '변형 한길 긴 교차뜨기'는 ②를 뜰 때 ①의 뒤쪽에서 앞단을 바늘로 떠서 뜨고, ①을 감싸지 않습니다. 이 뜨개 기호는 교차 부분의 선이 끊어져 있습니다(☆). 긴뜨기, 걸어뜨기의 기호도 마찬가지입니다. 자세한 뜨개법은 75쪽을 참조하세요.

한길 긴 교차뜨기   변형 한길 긴 교차뜨기

 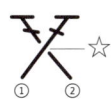

기호 보는 법

[밑부분이 붙어 있는 기호]
앞단의 1코에 코를 전부 떠넣습니다. 앞단이 사슬뜨기일 때는 사슬코의 반코와 코산을 바늘로 떠서 뜹니다. 지정한 사슬코를 줍는 무늬는 ◎와 같이 굵은 선으로 표시되어 있습니다. ✕나 ● 등 밑부분을 떨어뜨려 그릴 수 없는 기호의 경우도 마찬가지로 굵은 선으로 표시되어 있습니다.

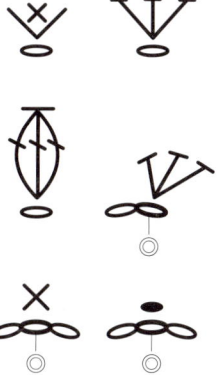

[밑부분이 떨어져 있는 기호]
앞단이 사슬뜨기일 때 일반적으로는 사슬뜨기 전체를 바늘로 떠서 뜹니다. '다발로 줍는다'라고 합니다. 별도로 지정한 것이 없을 때는 모두 다발로 주워서 뜹니다.

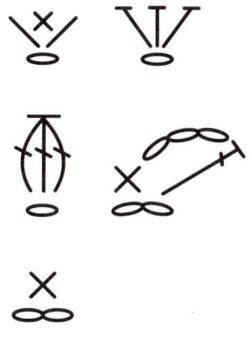

코바늘 뜨기 기초

실 잡는 법

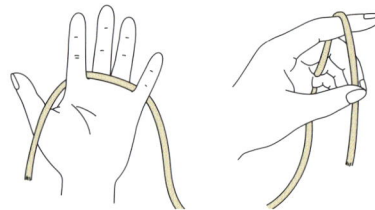

실타래가 있는 쪽을 새끼손가락쪽에 놓고, 실을 검지와 새끼손가락에 건 다음 실 끝을 5~6cm 남겨놓고 엄지와 중지로 잡는다.

바늘 잡는 법

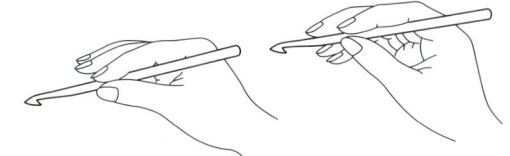

바늘 끝에서 4cm 정도 되는 부분을 엄지와 검지로 가볍게 잡은 다음 중지를 바늘 위에 얹는다.

시작코

두 겹 원형뜨기 시작코

1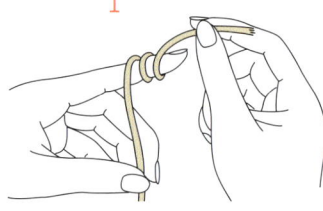
손가락에 2회 감는다.

2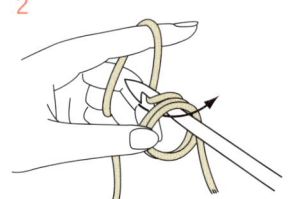
실 끝을 앞쪽에 놓고, 고리 안으로 실을 끌어낸다.

3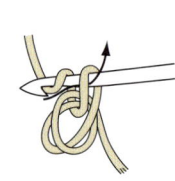
1코를 뜬다. 이 코는 기둥코의 콧수에 포함된다.

4

원형뜨기 시작코에 짧은뜨기 떠넣기

1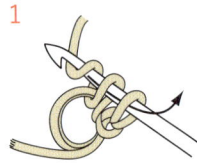
원형뜨기 시작코를 만든 다음 사슬뜨기 1코로 기둥코를 만들고, 고리 안으로 바늘을 넣어 짧은뜨기를 필요한 콧수만큼 뜬다.

2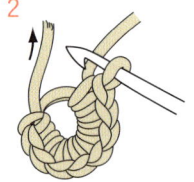
1단을 뜬 다음 실 끝을 살짝 잡아당겨서 작아진 쪽의 고리를 잡아당기고, 다시 실 끝을 잡아당겨서 고리를 조여준다.

3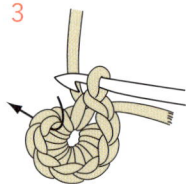
첫째 코의 머리 2가닥에 바늘을 넣고 실을 걸어 끌어낸다.

4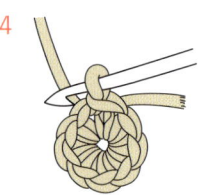
1단을 뜬 모습.

사슬뜨기 시작코

1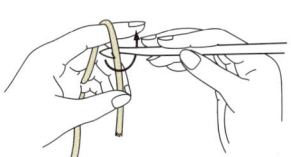
왼손에 걸어 둔 실에 바늘을 안쪽에서 넣어 실을 꼬아준다.

2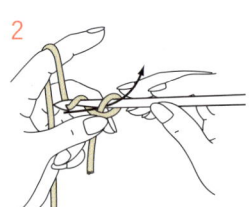
검지에 걸린 실을 바늘에 걸어 끌어낸다.

3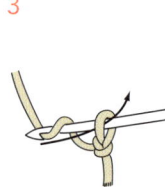
바늘에 실을 걸어 끌어낸다.

4 5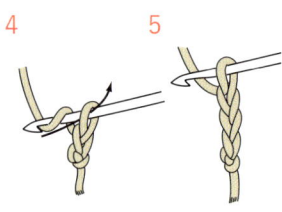
반복하여 필요한 콧수를 뜬다.

사슬코에서 코 줍는 법

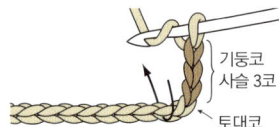
기둥코 사슬 3코
토대코

사슬 모양이 되어 있는 쪽을 아래로 향하게 놓고, 사슬 반 코와 코산에 바늘을 넣는다.

반 코와 코산을 줍는다

시작코에서 코를 주울 때는 사슬 반 코와 코산에 바늘을 넣는다. 시작코의 반대쪽을 주울 때는 나머지 사슬 반 코를 줍는다.

뜨개 기호와 뜨는 법

사슬뜨기
○

1 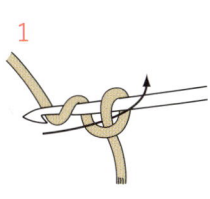　2 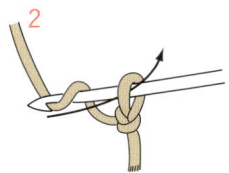　3 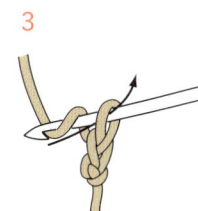　4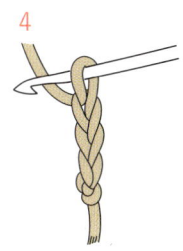

가장 기본이 되는 뜨개법으로, 시작코나 기둥코에 사용한다.

짧은뜨기
×

1 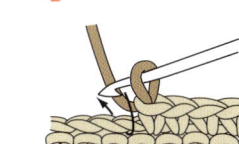　2 　3 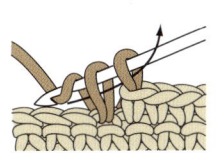　4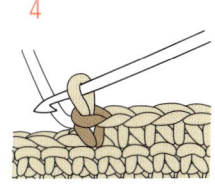

기둥코 사슬 1코 높이의 뜨개코. 바늘에 걸려 있는 2개의 고리를 한 번에 뺀다.

짧은 이랑뜨기
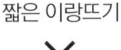

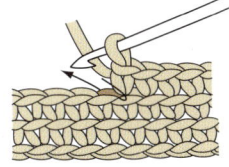　안쪽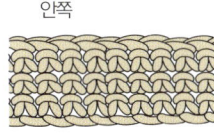

* 빼뜨기나 긴뜨기, 한길 긴뜨기의 경우도 같은 방법으로 뜬다.

앞단 코의 뒤쪽 사슬 반 코를 바늘로 떠서 짧은뜨기를 한다.

긴뜨기

1 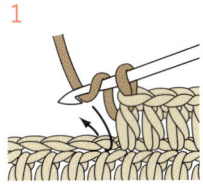　2 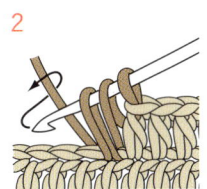　3 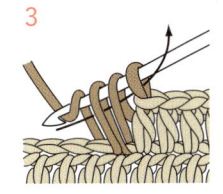　4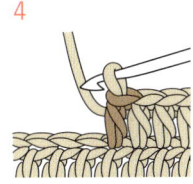

기둥코 사슬 2코 높이의 뜨개코. 바늘에 실을 한 번 걸고, 바늘에 걸려 있는 3개의 고리를 한 번에 뺀다.

한길 긴뜨기

1 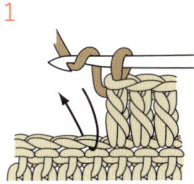　2 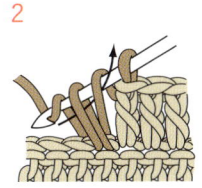　3 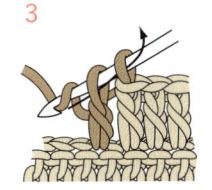　4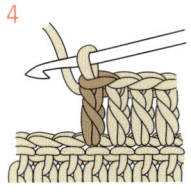

기둥코 사슬 3코 높이의 뜨개코. 바늘에 실을 한 번 걸고, 바늘에 걸려 있는 고리를 2개씩 2회에 뺀다.

두길 긴뜨기
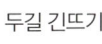

1 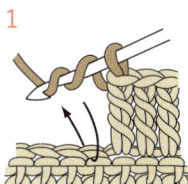　2 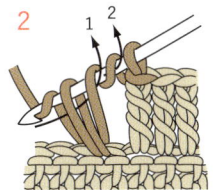　3 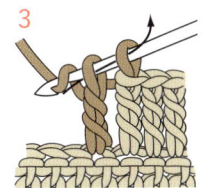　4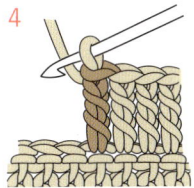

기둥코 사슬 4코 높이의 뜨개코. 바늘에 걸려 있는 고리를 2개씩 3회에 뺀다.

빼뜨기

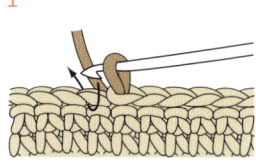 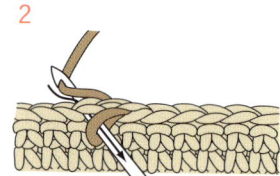 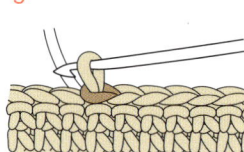

앞단의 뜨개코 머리에 바늘을 넣고, 실을 걸어 한 번에 빼낸다.

 짧은 2코 늘려뜨기

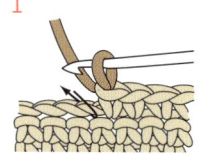 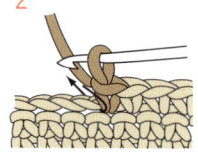 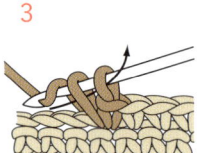 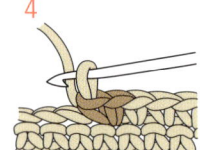

앞단의 1코에 짧은뜨기 2코를 떠넣어서 1코 늘린다.

* ⋎ 는 짧은 3코 늘려뜨기.

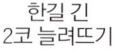 한길 긴 2코 늘려뜨기

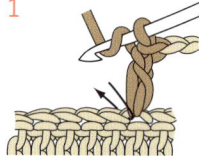   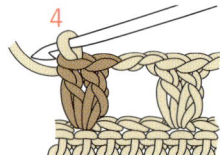

앞단의 1코에 한길 긴뜨기 2코를 떠넣어서 1코 늘린다.

* 콧수가 다른 경우나 긴뜨기, 걸어뜨기의 경우도 같은 방법으로 뜬다.

 짧은 2코 모아뜨기

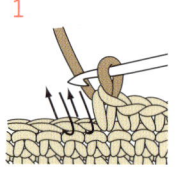 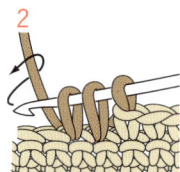 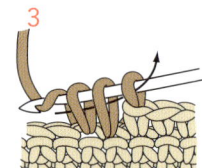 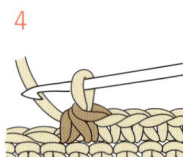

실을 끌어내기만 한 상태의 미완성 2코를 뜨고, 바늘에 실을 걸어 한 번에 뺀다. 1코 줄어든다.

 짧은 3코 모아뜨기

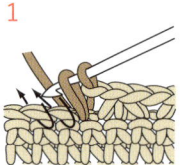 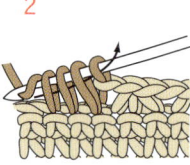 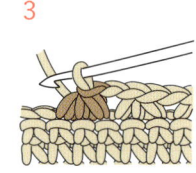

실을 끌어내기만 한 상태의 미완성 3코를 뜨고, 바늘에 실을 걸어 한 번에 뺀다. 2코 줄어든다.

 한길 긴 2코 모아뜨기

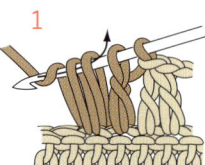 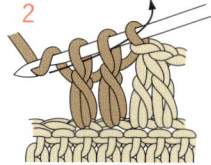 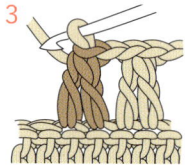

미완성 한길 긴뜨기 2코를 뜨고, 바늘에 실을 걸어 한 번에 뺀다. 1코 줄어든다.

* 콧수가 다른 경우나 긴뜨기, 걸어뜨기의 경우도 같은 방법으로 뜬다.

	1	2	3	4
한길 긴 교차뜨기	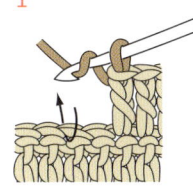	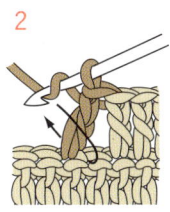	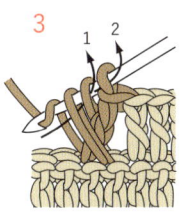	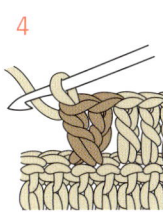

1코 건너뛰어 한길 긴뜨기를 한 다음 1코 이전 코에 바늘을 넣고 실을 끌어내어 한길 긴뜨기를 한다.
* 짧은뜨기, 긴뜨기, 걸어뜨기의 경우도 같은 방법으로 뜬다.

	1	2	3	4
변형 한길 긴 교차뜨기	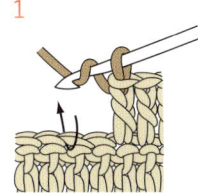	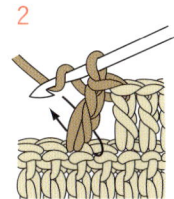	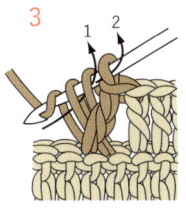	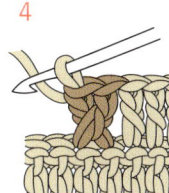

1코 건너뛰어 한길 긴뜨기를 한 다음 1코 이전 코에 바늘을 넣고 실을 끌어내어 한길 긴뜨기를 한다.
* 걸어뜨기의 경우도 같은 방법으로 뜬다.

	1	2	3	4
긴 3코 구슬뜨기	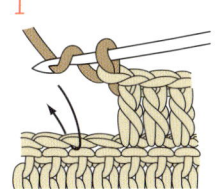	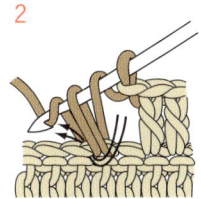	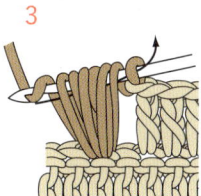	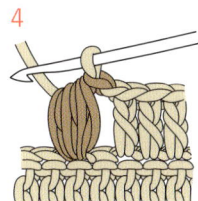

앞단의 1코에 미완성 긴뜨기 3코를 떠넣고, 한 번에 뺀다.
* 콧수가 다른 경우도 같은 방법으로 뜬다. 한길 긴 3코 구슬뜨기는 53쪽 참조.

	1	2	3
한길 긴 앞걸어뜨기	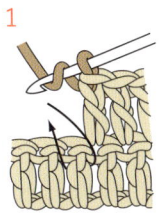	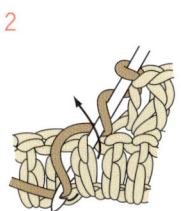	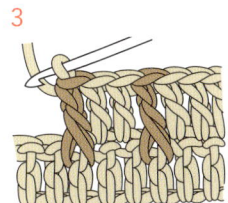

앞단의 다리를 앞쪽에서 바늘로 떠서 실을 길게 끌어내어 한길 긴뜨기와 같은 방법으로 뜬다.
* 짧은뜨기, 긴뜨기, 두길 긴뜨기의 경우도 같은 방법으로 뜬다.

	1	2	3
한길 긴 뒤걸어뜨기	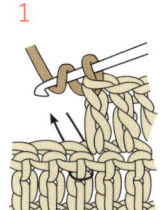	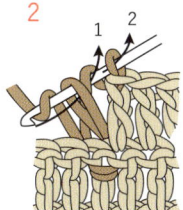	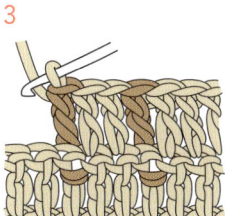

앞단의 다리를 뒤쪽에서 바늘로 떠서 실을 길게 끌어내어 한길 긴뜨기와 같은 방법으로 뜬다.
* 짧은뜨기, 긴뜨기, 두길 긴뜨기의 경우도 같은 방법으로 뜬다.

피코 빼뜨기

1 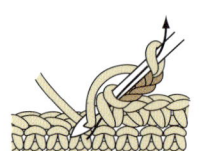   2 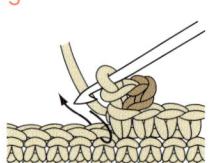   3 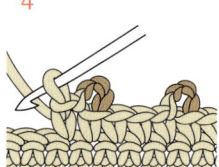   4

사슬 3코를 뜨고, 짧은뜨기에 떠넣어서 바늘에 걸려 있는 3개의 고리를 한 번에 뺀다.
* 한길 긴뜨기나 긴뜨기에 뜰 경우도 같은 방법으로 뜬다.

스레드 끈 뜨기

1    2 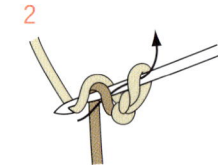   3 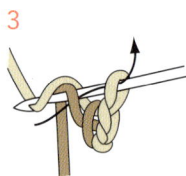   4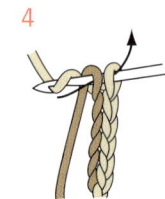

실 끝은 완성 치수의 3배 길이를 남겨두고, 사슬 1코를 뜬다. 남겨둔 실 끝을 바늘의 앞쪽에서 뒤쪽으로 걸치고, 나머지 한쪽 실을 바늘에 걸어 빼낸다. 2를 반복한다.

4줄 땋기

1 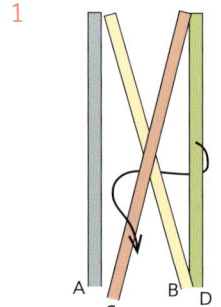   2 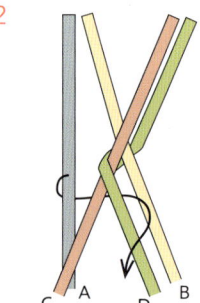   3 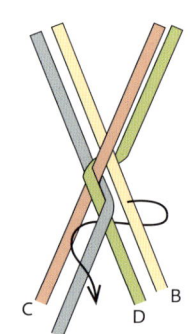   4 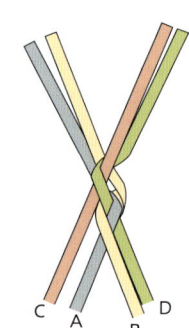   5

완성 치수의 1.3~1.4배 길이로 4줄(또는 반으로 접은 2줄)을 준비하고, 테이프 등으로 임시로 고정해놓는다.
실을 단단히 조여가며 화살표처럼 교차시킨다. 1~3까지 땋은 다음 2, 3으로 되돌아간다. 그 다음부터는 2, 3을 반복하여 끝까지 땋는다.

잇기, 꿰매기

돗바늘로 잇기

1 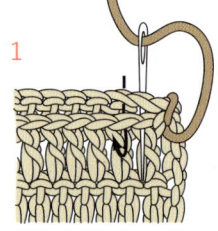   2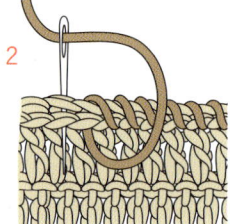

2개의 편물을 안쪽끼리 맞대고, 사슬코의 머리를 각각 2가닥씩 돗바늘로 떠서 잇는다.

빼뜨기로 잇기

1 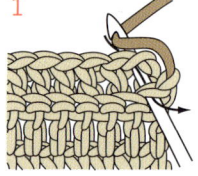   2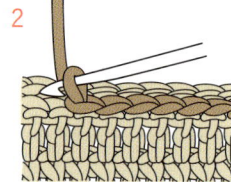

2개의 편물을 맞대고, 사슬코의 머리를 각각 2가닥씩 코바늘로 주워서 빼뜨기를 한다.

반박음질

돗바늘로 한 땀 꿰매고, 한 땀의 1/2 되돌아가기를 반복한다.

작품 뜨는 법
page 6

바닥	본체	손잡이
A	89	d
18단	23단	34cm

실 | 하마나카 에코 안다리아 베이지(23) 125g
바늘 | 코바늘 7/0호
게이지(10×10cm) | [짧은뜨기] 18코 17.5단
[무늬뜨기] 19.5코 12.5단
크기 | 너비 28cm, 깊이 18cm
뜨는 법 | 실은 1가닥으로 뜬다.
원형뜨기 시작코를 만들어 뜨기 시작한다. 바닥 A(6쪽)를 18단 뜬다. 이어서 본체 89(48쪽)를 증감 없이 뜬다. 손잡이 d를 2개 만들고, 본체에 꿰매 단다.

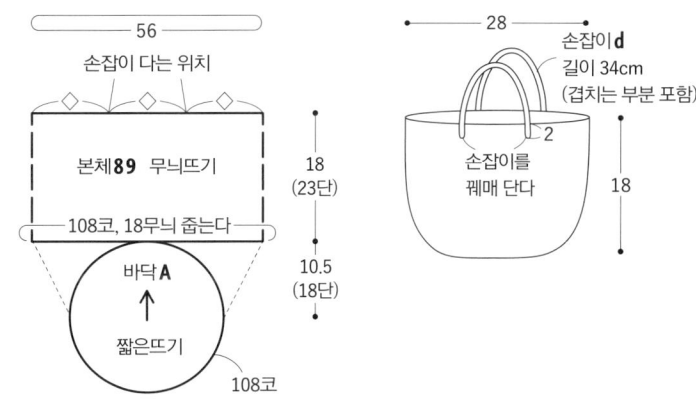

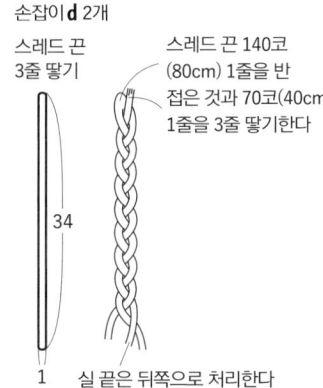

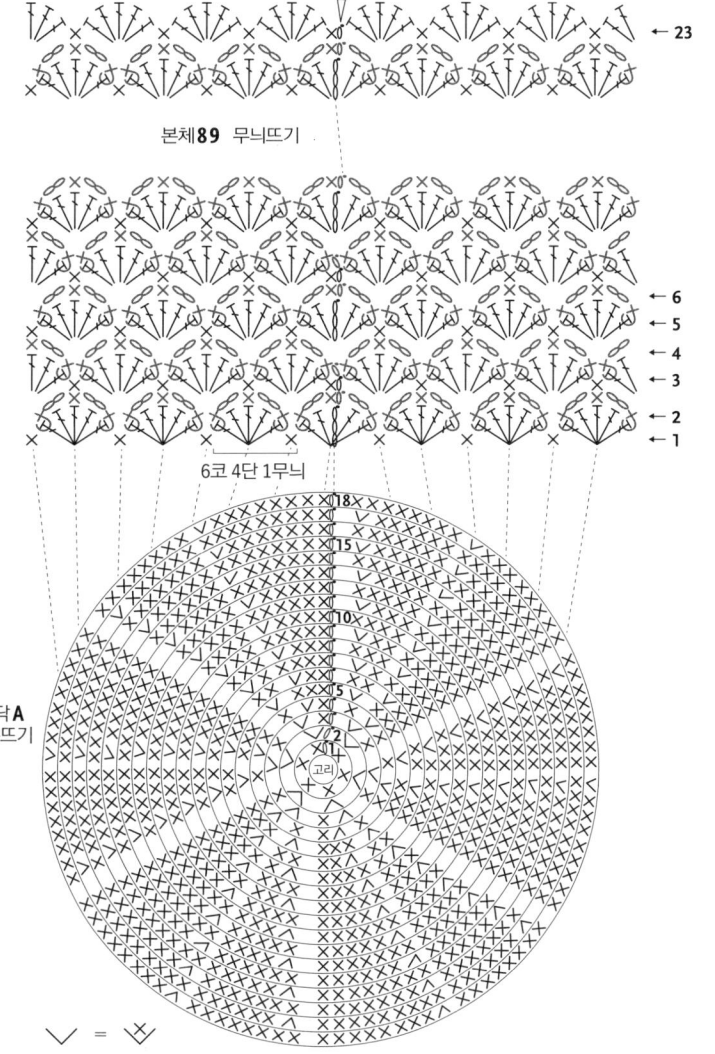

page 7

바닥	본체	손잡이
B	89	d
14단	23단	34cm

실 | 하마나카 에코 안다리아 베이지(23) 120g
바늘 | 코바늘 7/0호
게이지(10×10cm) | [짧은뜨기] 18코 16.5단
　　　　　　　　　[무늬뜨기] 19.5코 12.5단
크기 | 너비 28cm, 깊이 18cm
뜨는 법 | 실은 1가닥으로 뜬다.

원형뜨기 시작코를 만들어 뜨기 시작한다. 바닥 **B**(7쪽)를 14단 뜬다. 이어서 본체 **89**(48쪽)를 증감 없이 뜬다. 손잡이 **d**를 2개 만들고, 본체에 꿰매 단다.

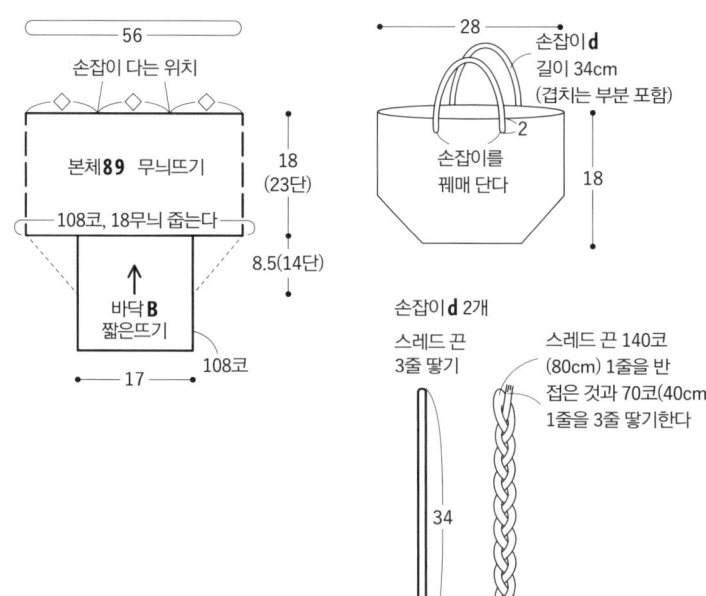

page 8

바닥	본체	손잡이
D	89	d
10단	23단	34cm

실 | 하마나카 에코 안다리아
  베이지(23) 115g
바늘 | 코바늘 7/0호
게이지(10×10cm) | [짧은뜨기] 18코 16.5단
  [무늬뜨기] 19.5코 12.5단
크기 | 너비 28cm, 깊이 18cm
뜨는 법 | 실은 1가닥으로 뜬다.
  사슬뜨기 26코 시작코를 만들어
  뜨기 시작한다. 바닥D(8쪽)를
  10단 뜬다. 이어서 본체89(48쪽)를
  증감 없이 뜬다. 손잡이d(78쪽)를
  2개 만들고, 본체에 꿰매 단다.

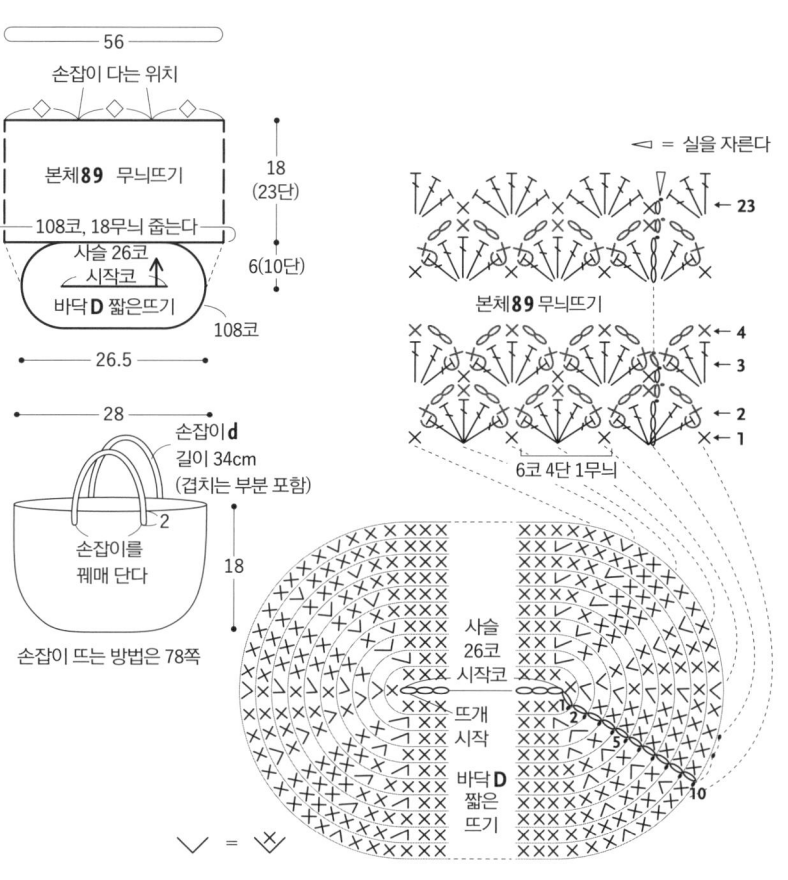

page 9

바닥	본체	손잡이
E	89	d
8단	23단	34cm

실 | 하마나카 에코 안다리아
  베이지(23) 115g
바늘 | 코바늘 7/0호
게이지(10×10cm) | [짧은뜨기] 18코 16단
  [무늬뜨기] 19.5코 12.5단
크기 | 너비 28cm, 깊이 18cm
뜨는 법 | 실은 1가닥으로 뜬다.
  사슬뜨기 25코 시작코를 만들어
  뜨기 시작한다. 바닥E(9쪽)를 8단
  뜬다. 이어서 본체89(48쪽)를 증감
  없이 뜬다. 손잡이d(78쪽)를 2개
  만들고, 본체에 꿰매 단다.

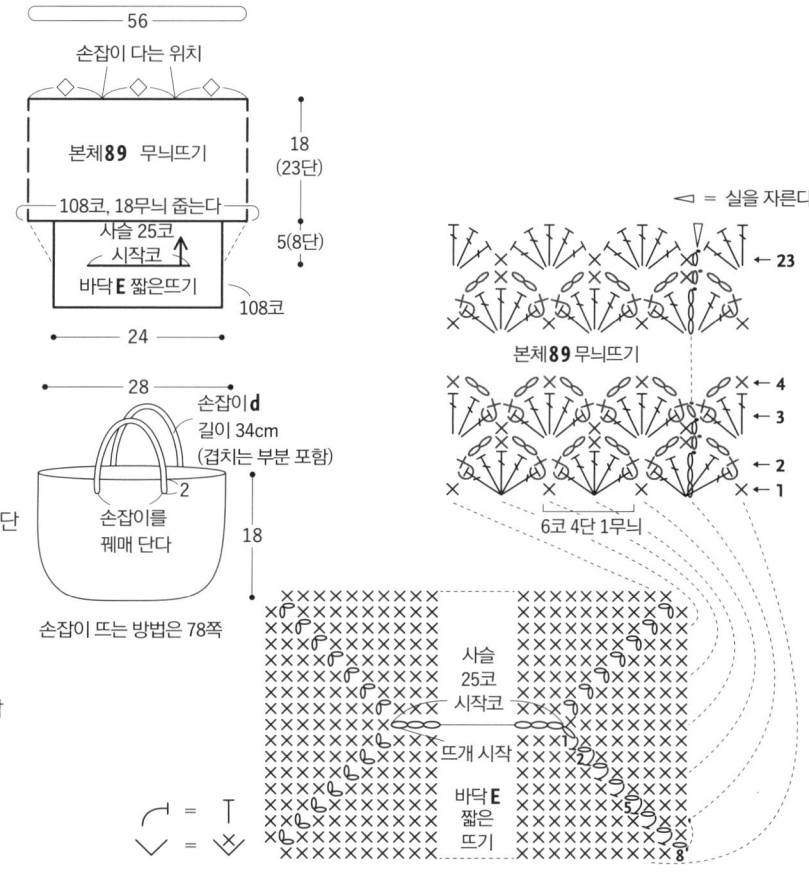

page 8

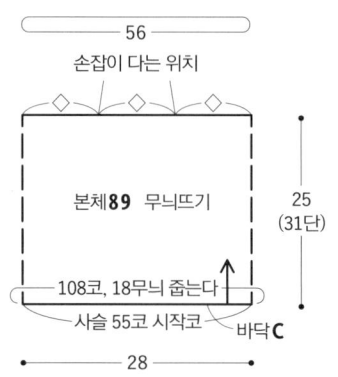

바닥	본체	손잡이
C	89	d
55코	31단	34cm

실 | 하마나카 에코 안다리아 베이지(23) 125g
바늘 | 코바늘 7/0호
게이지(10×10cm) | [무늬뜨기] 19.5코 12.5단
크기 | 너비 28cm, 깊이 25cm
뜨는 법 | 실은 1가닥으로 뜬다.

사슬뜨기 55코 시작코(바닥C)를 만들어 뜨기 시작하고, 본체89(48쪽)를 증감 없이 뜬다. 손잡이d를 2개 만들고 본체에 꿰매 단다.

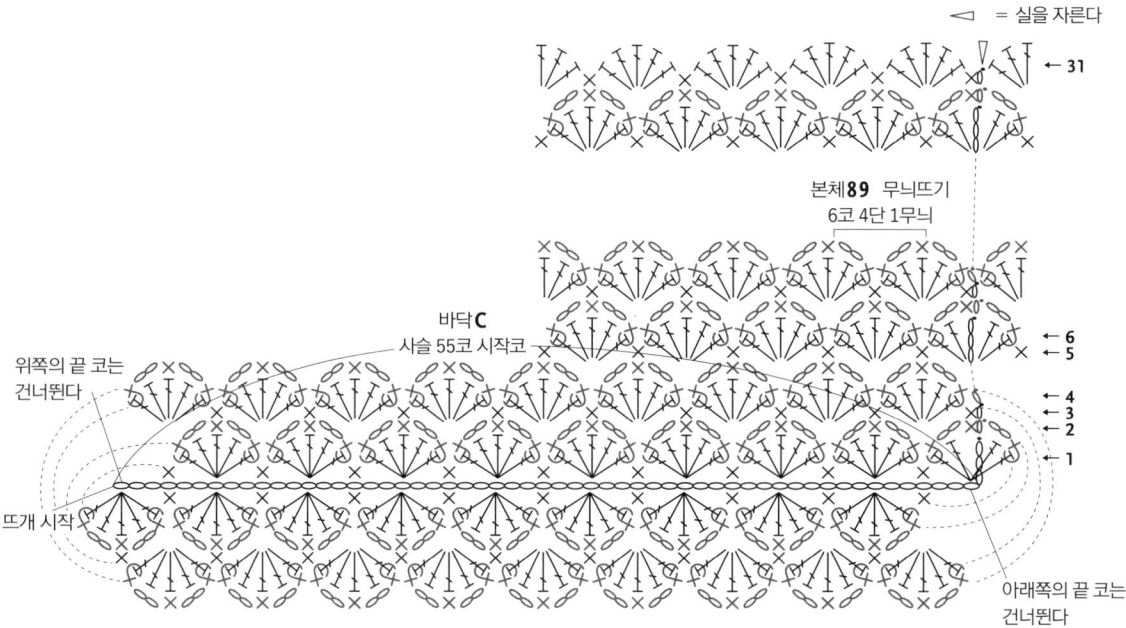

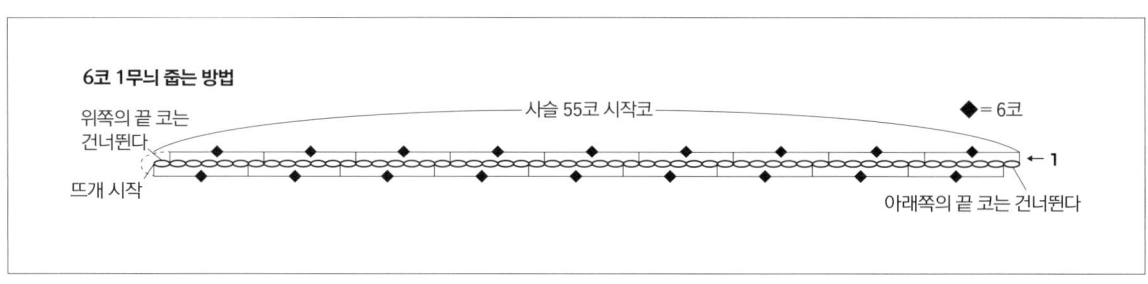

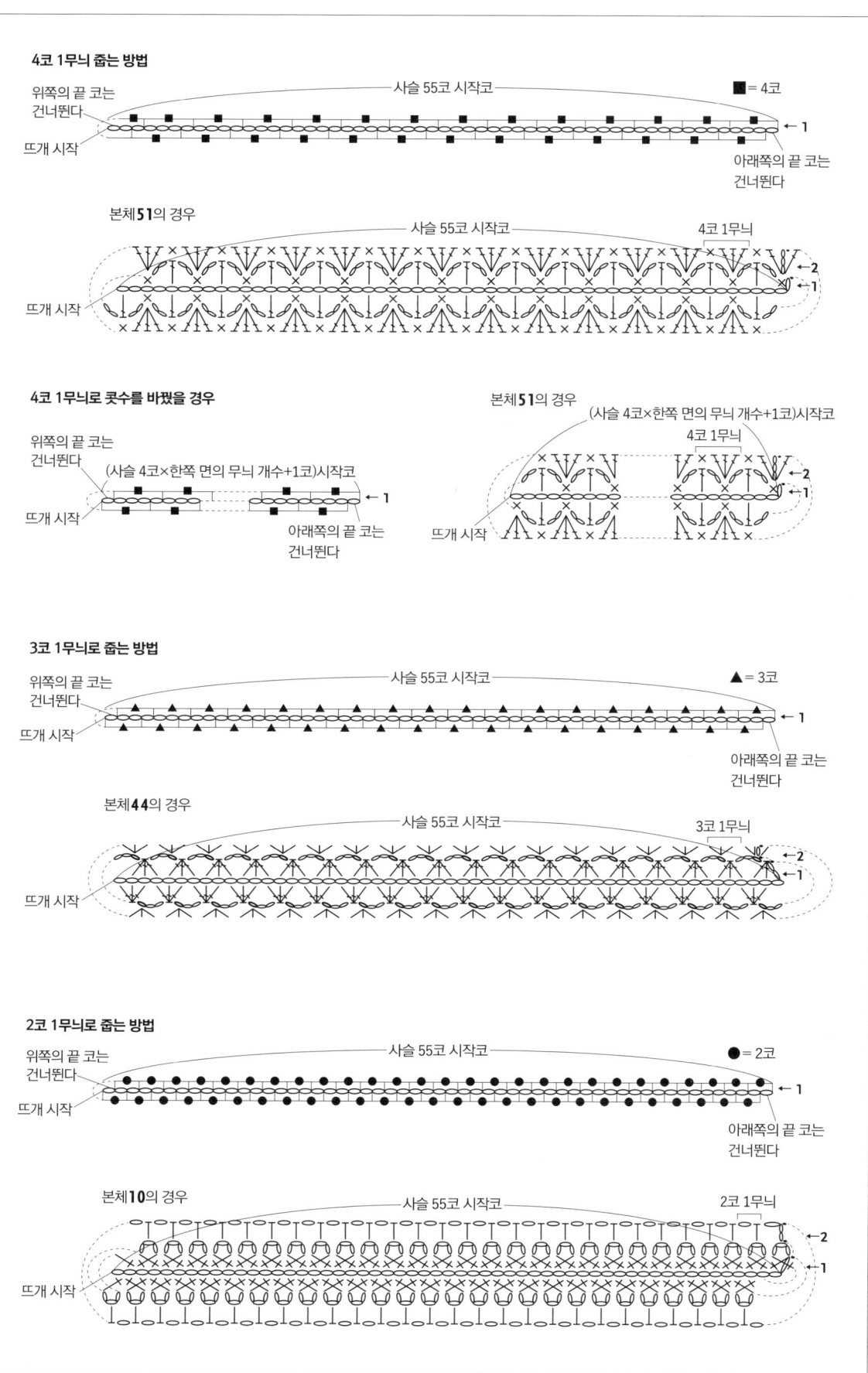

page 11

바닥	본체	손잡이
A	01	a변형
16단	22단	2단

실 | 하마나카 에코 안다리아 베이지(23) 100g
바늘 | 코바늘 7/0호
게이지(10×10cm) | [짧은뜨기]18코 17단
　　　　　　　　　[무늬뜨기]17코 13단
크기 | 너비 28cm, 깊이 17cm
뜨는 법 | 실은 1가닥으로 뜬다.
　　　　원형뜨기 시작코를 만들어
　　　　뜨기 시작한다. 바닥A(6쪽)를 16단
　　　　뜬다. 이어서 본체01(12쪽)을 증감
　　　　없이 뜬다. 손잡이a변형을 2개 만들고,
　　　　본체에 반박음질로 꿰매 단다.

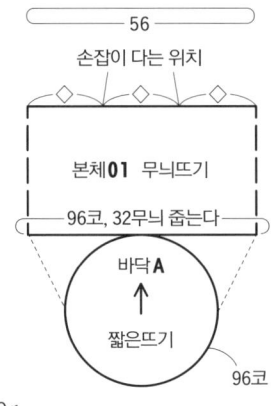

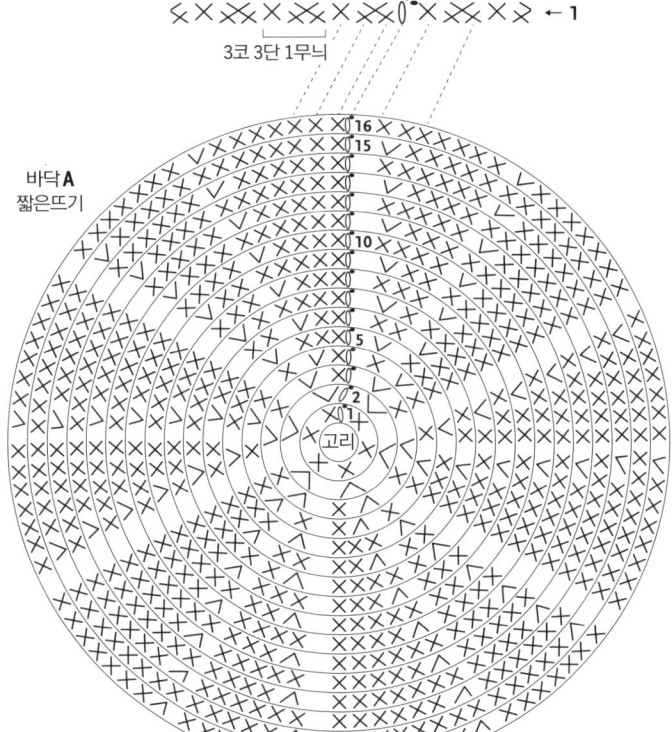

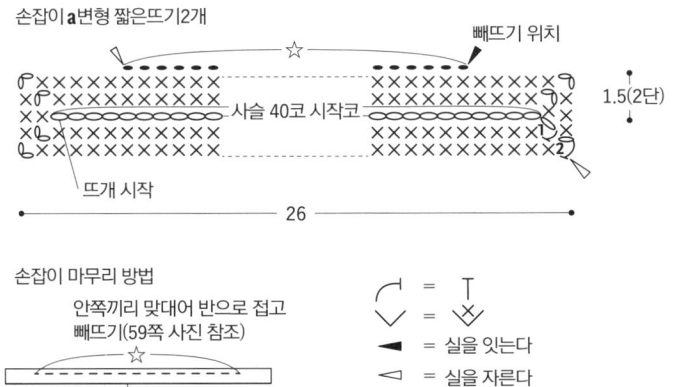

page 17

바닥	본체	손잡이
A	13	a변형
16단	21단	2단

실 | 하마나카 에코 안다리아
　　　　베이지(23) 100g
바늘 | 코바늘 7/0호
게이지(10×10cm) | [짧은뜨기]18코 17단
　　　　　　　　　[무늬뜨기]16.5코 12단
크기 | 너비 29cm, 깊이 18cm
뜨는 법 | 실은 1가닥으로 뜬다.
　　　원형뜨기 시작코를 만들어 뜨기
　　　시작한다. 바닥A(6쪽)를 16단 뜬다.
　　　이어서 본체13(18쪽)을 증감 없이
　　　뜬다. 계속 이어서 짧은뜨기를 한다.
　　　손잡이a변형(82쪽)을 2개 만들고,
　　　본체에 반박음질로 꿰매 단다.

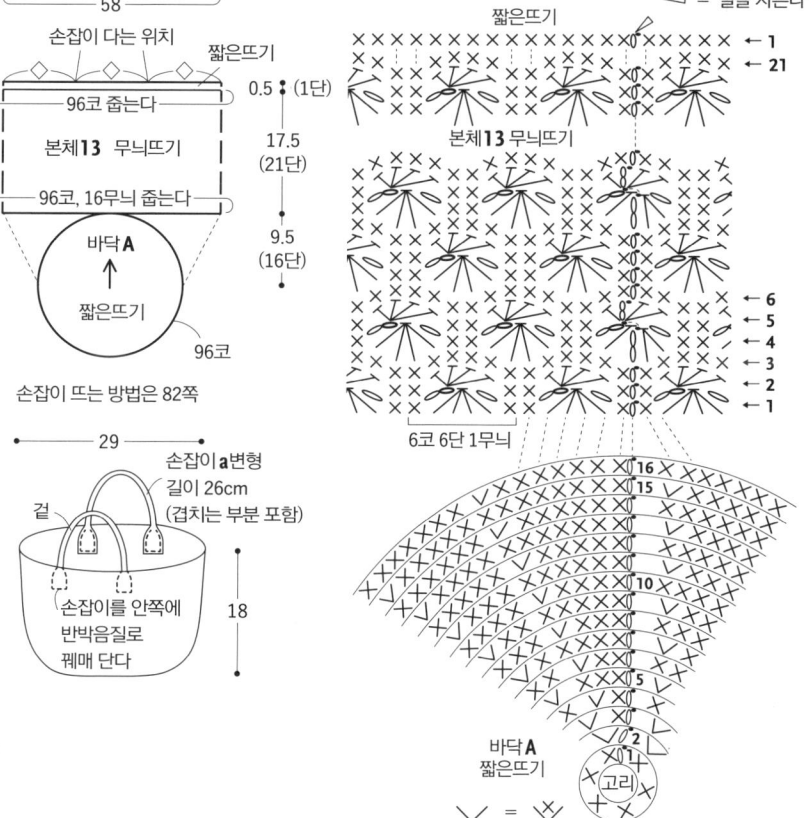

page 27

바닥	본체	손잡이
A	31	a변형
16단	13단	2단

실 | 하마나카 에코 안다리아
　　　　베이지(23) 105g
바늘 | 코바늘 7/0호
게이지(10×10cm) | [짧은뜨기]18코 17단
　　　　　　　　　[무늬뜨기]16코 7.5단
크기 | 너비 30cm, 깊이 18cm
뜨는 법 | 실은 1가닥으로 뜬다.
　　　원형뜨기 시작코를 만들어 뜨기
　　　시작한다. 바닥A(6쪽)를 16단 뜬다.
　　　이어서 본체31(28쪽)을 증감 없이
　　　뜬다. 계속 이어서 짧은뜨기를 한다.
　　　손잡이a변형(82쪽)을 2개 만들고,
　　　본체에 반박음질로 꿰매 단다.

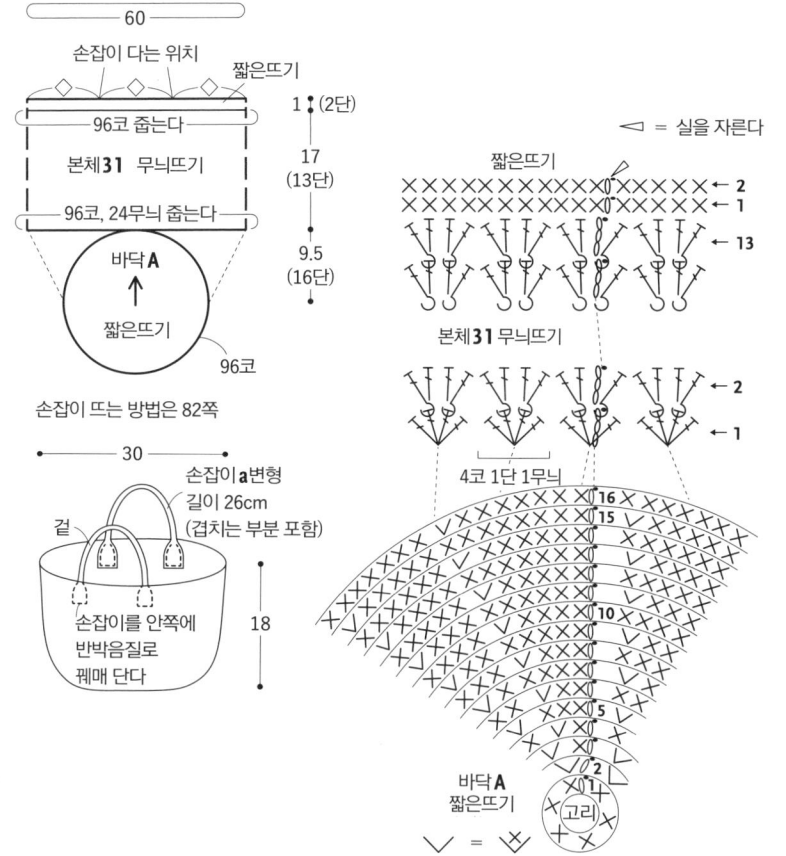

page 17

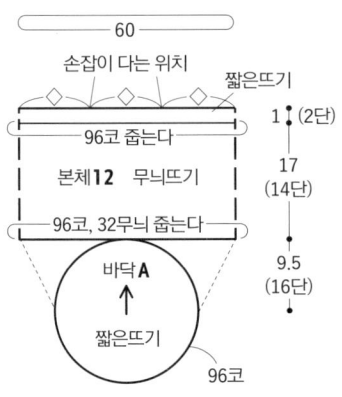
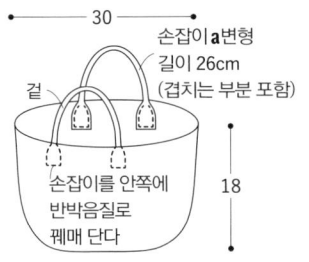
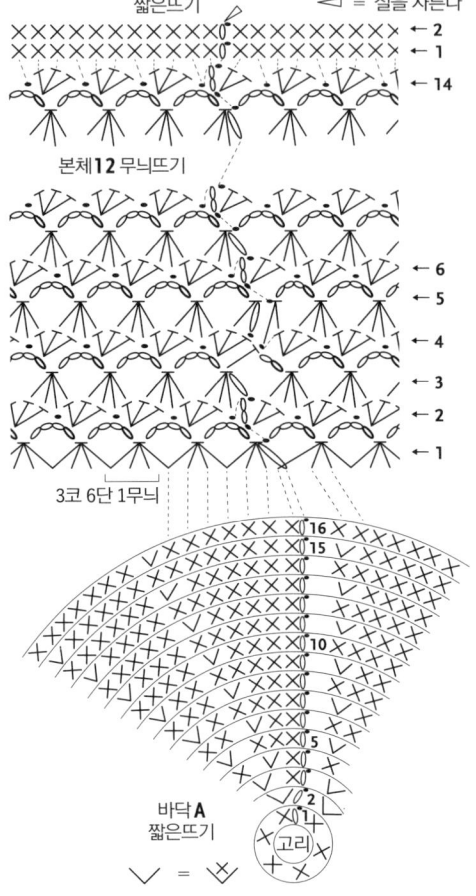

바닥	본체	손잡이
A	12	a변형
16단	14단	2단

실 | 하마나카 에코 안다리아
　　베이지(23) 95g
바늘 | 코바늘 7/0호
게이지(10×10cm) | [짧은뜨기]18코 17단
　　[무늬뜨기]16코 8단
크기 | 너비 30cm, 깊이 18cm
뜨는 법 | 실은 1가닥으로 뜬다.
　　원형뜨기 시작코를 만들어 뜨기
　　시작한다. 바닥A(6쪽)를 16단 뜬다.
　　이어서 본체12(18쪽)를 증감 없이
　　뜬다. 계속 이어서 짧은뜨기를 한다.
　　손잡이A변형(82쪽)을 2개 만들고,
　　본체에 반박음질로 꿰매 단다.

page 27

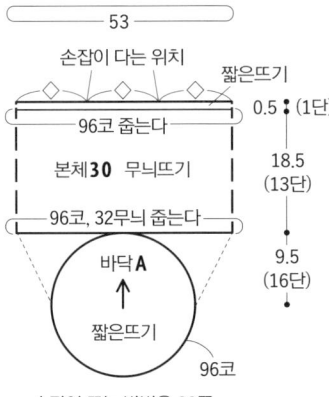

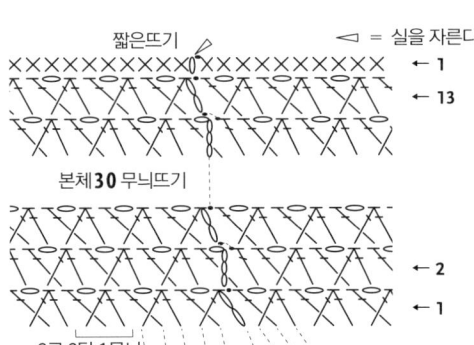
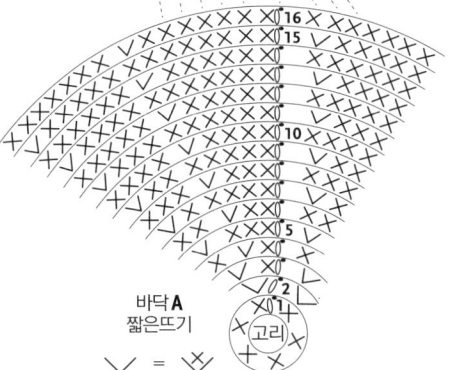

바닥	본체	손잡이
A	30	a변형
16단	13단	2단

실 | 하마나카 에코 안다리아
　　베이지(23) 100g
바늘 | 코바늘 7/0호
게이지(10×10cm) | [짧은뜨기]18코 17단
　　[무늬뜨기]18코 7단
크기 | 너비 26.5cm, 깊이 19cm
뜨는 법 | 실은 1가닥으로 뜬다.
　　원형뜨기 시작코를 만들어 뜨기
　　시작한다. 바닥A(6쪽)를 16단 뜬다.
　　이어서 본체30(28쪽)을 증감 없이
　　뜬다. 계속 이어서 짧은뜨기를 한다.
　　손잡이a변형(82쪽)을 2개 만들고,
　　본체에 반박음질로 꿰매 단다.

page 27

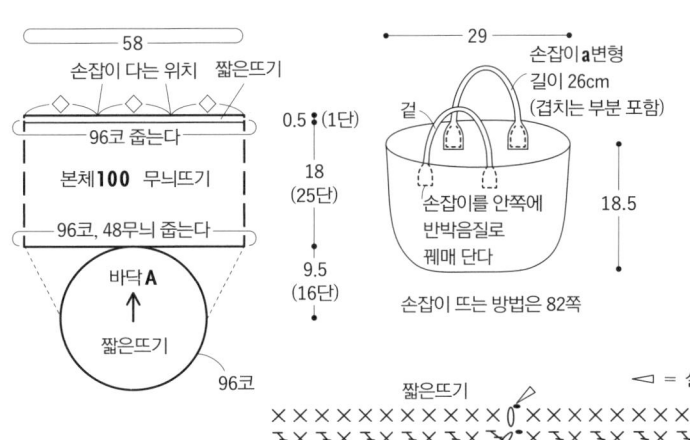

바닥	본체	손잡이
A	100	a변형
16단	25단	2단

실 | 하마나카 에코 안다리아
　　　베이지(23) 140g
바늘 | 코바늘 7/0호
게이지(10×10cm) | [짧은뜨기]18코 17단
　　　　　　　　　[무늬뜨기]16.5코 14단
크기 | 너비 29cm, 깊이 18.5cm
뜨는 법 | 실은 1가닥으로 뜬다.
　　　원형뜨기 시작코를 만들어 뜨기
　　　시작한다. 바닥 A(6쪽)를 16단 뜬다.
　　　이어서 본체 100(54쪽)을 증감 없이
　　　뜬다. 계속 이어서 짧은뜨기를 한다.
　　　손잡이 a변형(82쪽)을 2개 만들고,
　　　본체에 반박음질로 꿰매 단다.

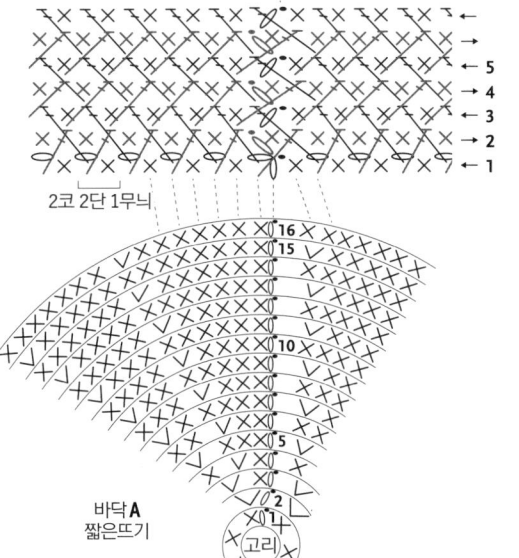

page 58

고리 달린 손잡이

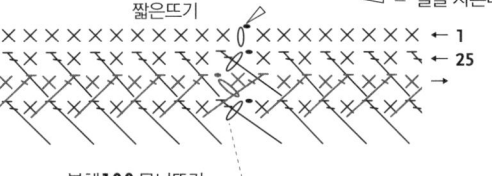

실 | 하마나카 에코 안다리아
　　　베이지(23) 20g
바늘 | 코바늘 7/0호
부재료 | 지름 3.5cm 고리 4개
크기 | 폭 3.5cm, 길이 39cm
뜨는 법 | 실은 1가닥으로 뜬다.
　　　손잡이 a는 사슬뜨기 시작코를
　　　만들어 뜨기 시작한다. 1단을
　　　시작코의 양쪽 끝과 위쪽은 사슬
　　　반 코와 코산을, 아래쪽은 사슬 반 코를
　　　주워서 뜬다. 고리를 짧은뜨기로
　　　감싸면서 뜬다. 손잡이의 양쪽 끝에
　　　끼워서 꿰매 고정한다. 2개를 만든다.

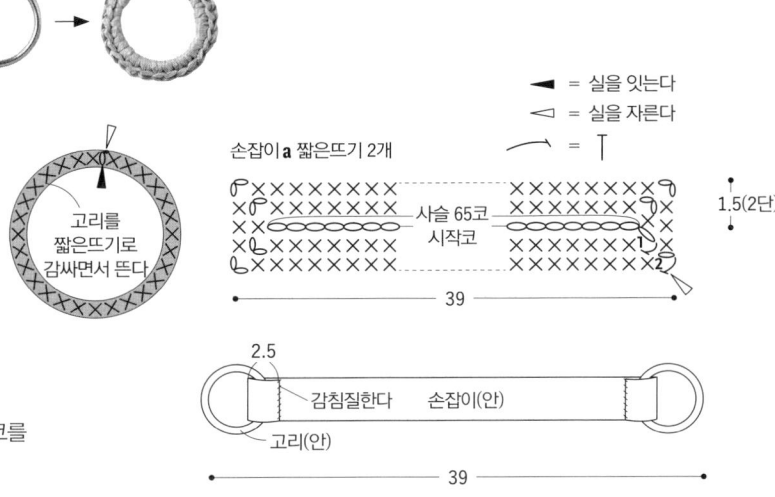

page 60

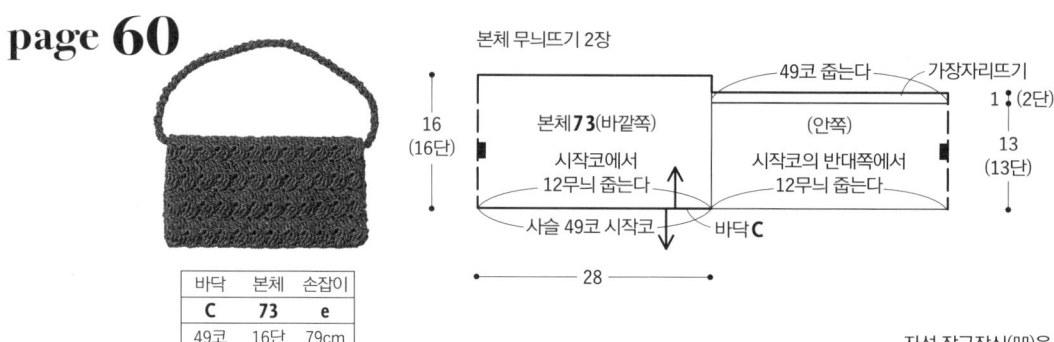

바닥	본체	손잡이
C	73	e
49코	16단	79cm

실 | 하마나카 에코 안다리아 블루그린(63) 155g
바늘 | 코바늘 7/0호
부재료 | 단추(지름 1.5cm 1개, 지름 1.3cm 1개), 자석 잠금장식(지름 1.8cm 1세트)
게이지(10×10cm) | [무늬뜨기]17.5코 10단
크기 | 너비 28cm, 깊이 14cm
뜨는 법 | 실은 1가닥으로 뜬다.

본체는 사슬뜨기 49코 시작코(바닥C)를 만들어 뜨기 시작한다. 13단까지 바깥쪽, 안쪽 모두 본체73(43쪽)으로 뜨고, 14, 15단을 바깥쪽은 무늬뜨기, 안쪽은 가장자리뜨기를 이어서 뜬다. 16단은 바깥쪽만 뜬다. 같은 방법으로 2장을 뜨는데, 1장은 실 끝을 60cm 정도 남겨두고 실을 자른다. 2장을 맞대어 놓고, 남겨둔 실을 돗바늘에 꿰어 감아 잇기 한다. 지정 위치에 사슬뜨기의 고리, 단추, 자석 잠금장식을 단다. 손잡이e를 만들어 끝에 고리와 단추를 달고, 본체의 양쪽 옆 고리 안으로 통과시킨다.

* 손잡이를 분리하여 클러치 백으로도 사용할 수 있다.

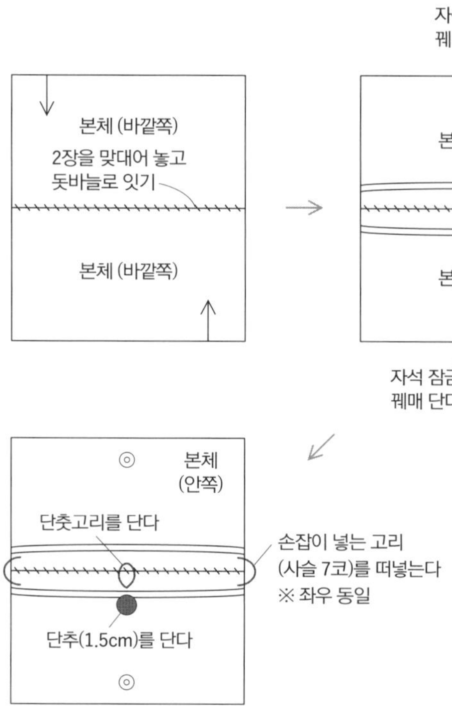

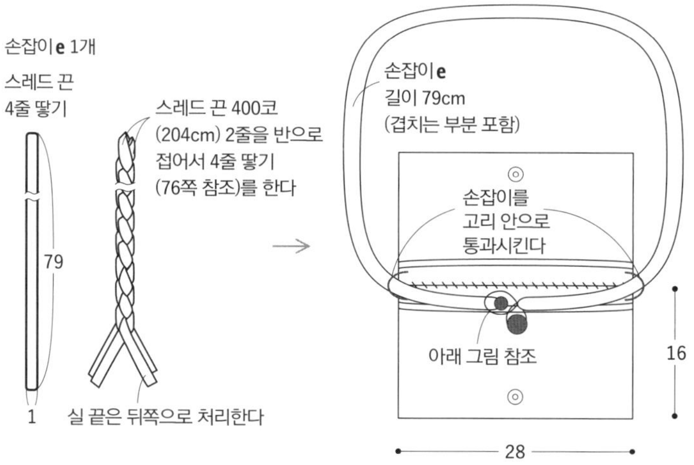

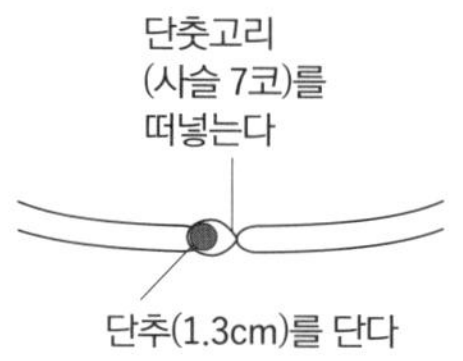

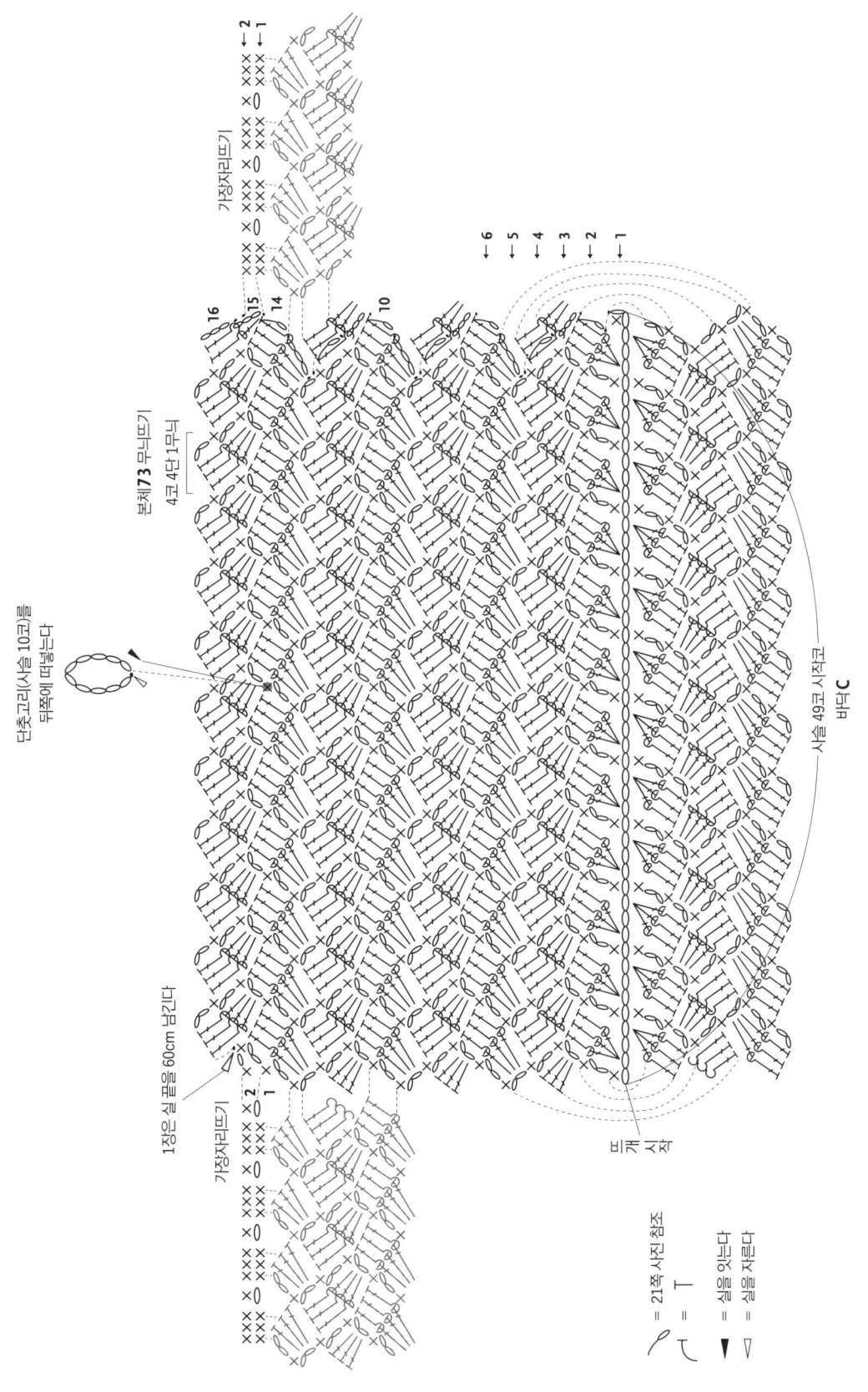

page 61

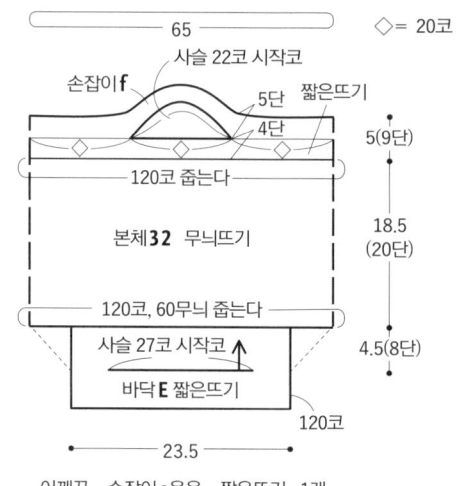

바닥	본체	손잡이	어깨끈
E	32	f	a
8단	20단	5단	3단

실 | 하마나카 에코 안다리아
검정(30) 160g
바늘 | 코바늘 7/0호
부재료 | 단추(지름 2cm 2개)
게이지(10×10cm) | [짧은뜨기] 18.5코 18단
　　　　　　　　　 [무늬뜨기] 18.5코 11단
크기 | 너비 32.5cm, 깊이 23.5cm
뜨는 법 | 실은 1가닥으로 뜬다.
　사슬뜨기 27코 시작코를 만들어 뜨기 시작한다. 바닥 E를 8단 뜨는데, 마지막 단은 도안처럼 모서리에서 늘린다. 이어서 본체 32(29쪽)를 증감 없이 뜬다. 옆선으로 실을 건네고, 짧은뜨기를 4단 뜬다. 이어서 손잡이 f를 뜨는데, 앞뒤 중앙에 손잡이의 사슬 22코를 뜬다. 다음 단은 사슬뜨기의 양쪽에서 도안처럼 줄이면서 뜬다. 어깨끈은 사슬 200코 시작코를 만들어 뜨기 시작한다. 3단은 도안처럼 두 군데에 단춧구멍을 만든다. 안쪽의 지정 위치에 단추를 단다. 짧은뜨기의 안쪽에 스레드 끈을 꿰매 달고, 어깨끈을 넣어서 접어 올려 단추에 건다.

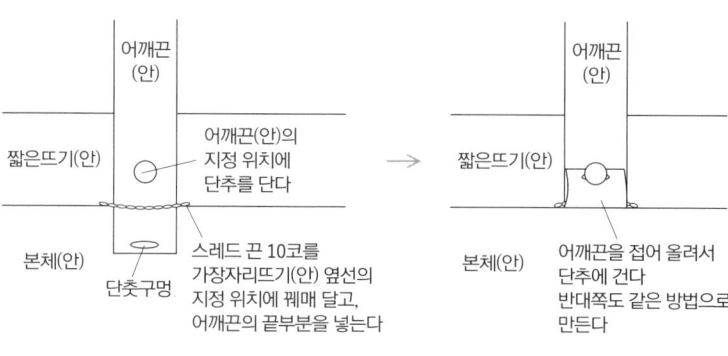

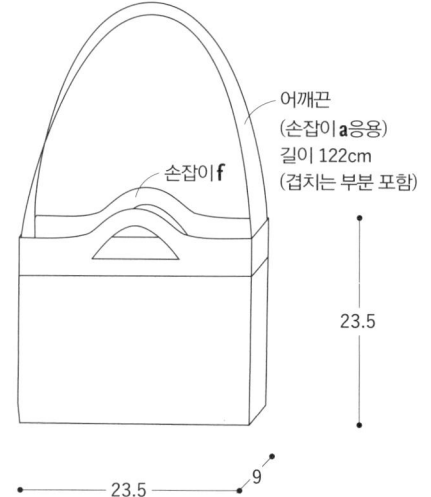

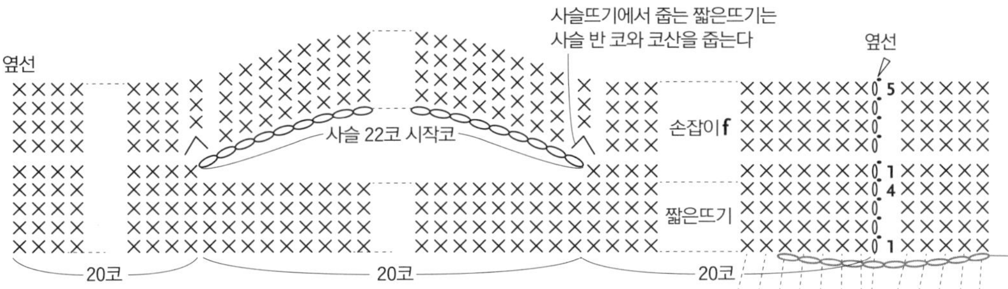

옆선
사슬뜨기에서 줍는 짧은뜨기는
사슬 반 코와 코산을 줍는다
옆선
사슬 22코 시작코
손잡이 f
짧은뜨기
5
1
4
1
20코
20코
20코
스레드 끈
다는 위치

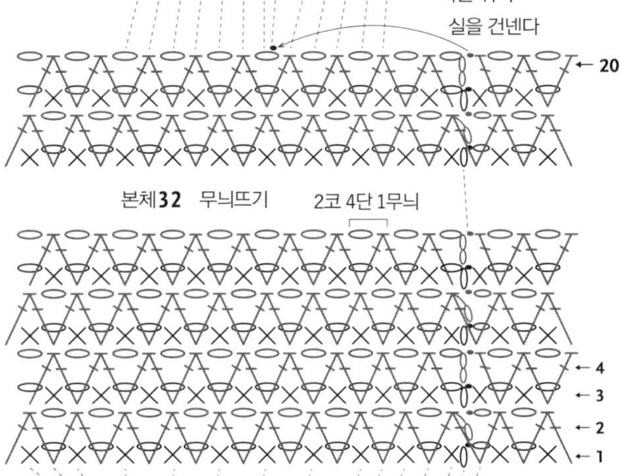

실을 건넨다
20
본체 32 무늬뜨기
2코 4단 1무늬
4
3
2
1

바닥 콧수와 늘리는 법

단수	콧수	늘리는 법
8	120	+8※
7	112	+8
6	104	+8
5	96	+8
4	88	+8
3	80	+8
2	72	+8
1	64	

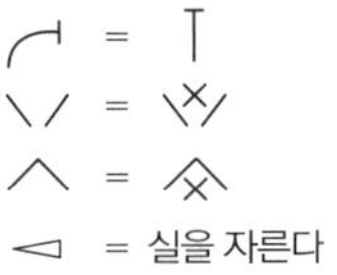

= 실을 자른다

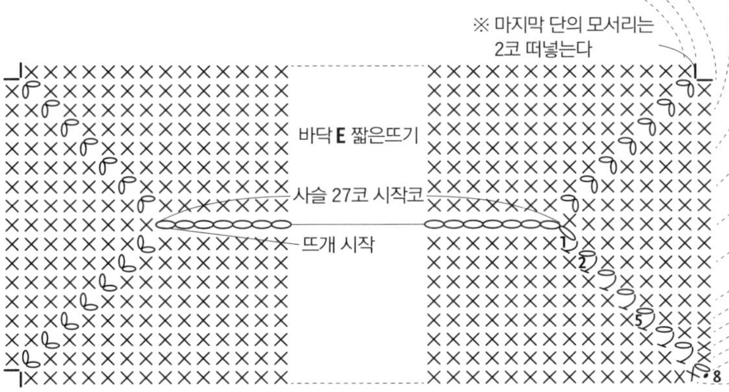

※ 마지막 단의 모서리는
2코 떠넣는다
바닥 E 짧은뜨기
사슬 27코 시작코
뜨개 시작
1
2
5
8

실 건네는 방법

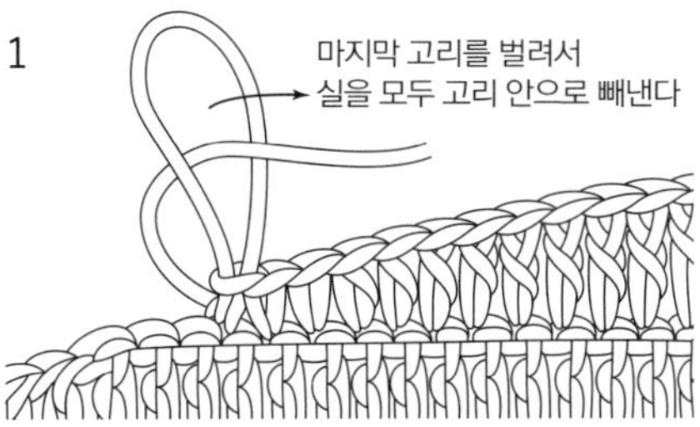

1
마지막 고리를 벌려서
실을 모두 고리 안으로 빼낸다

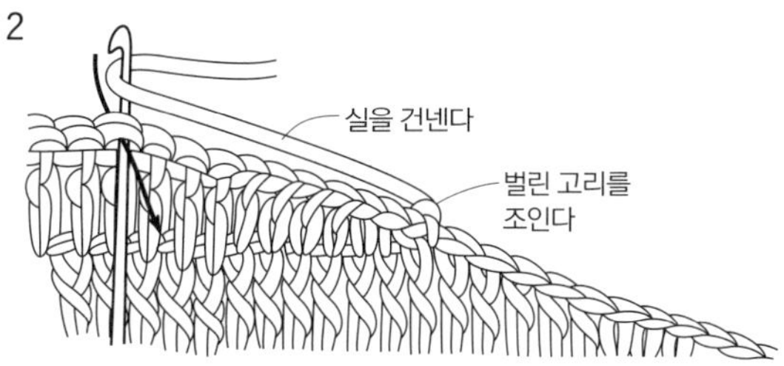

2
실을 건넨다
벌린 고리를
조인다

page 63

바닥	본체	손잡이
B	100	a변형
20단	31단	3단

실 | 하마나카 에코 안다리아 겨자색(139) 215g, 브라운(59) 170g

바늘 | 코바늘 7/0호

부재료 | 자석 잠금장식(지름 1.4cm 1세트)

게이지(10×10cm) | [짧은뜨기]17코 16.5단
[무늬뜨기]15코 12단

크기 | 너비 54cm, 깊이 30cm

뜨는 법 | 실은 1가닥으로 지정 배색으로 뜬다. 원형뜨기 시작코를 만들어 뜨기 시작한다. 바닥 B를 20단 뜨는데, 마지막 단은 도안처럼 모서리에서 늘린다. 본체100(54쪽)을 증감 없이 31단 뜬 다음 새로운 실을 이어서 짧은뜨기를 한다. 입구 덧단은 사슬 164코 시작코를 만들어 사슬 반코와 코산을 주워 짧은뜨기를 1단 뜬 다음 첫째 코로 빼내어 원형을 만들고, 증감 없이 뜬다. 손잡이와 잠금장식 스트랩은 사슬뜨기 시작코를 만들어 뜬다. 입구 덧단에 자석 잠금장식을 달고, 잠금장식 스트랩을 꿰매 단다. 손잡이 a변형을 2개 만든다. 본체, 손잡이, 입구 덧단을 3장 겹치고, 가방 입구를 빼뜨기로 고정한다.

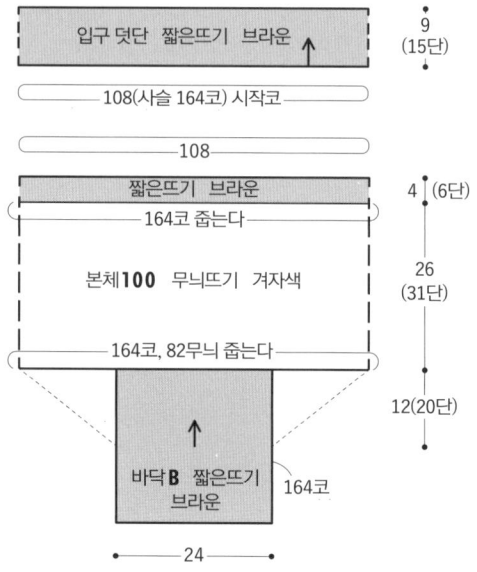

바닥 콧수와 늘리는 법		
단수	콧수	늘리는 법
20	164	+8※
19	156	+8
18	148	+8
17	140	+8
16	132	+8
15	124	+8
14	116	+8
13	108	+8
12	100	+8
11	92	+8
10	84	+8
9	76	+8
8	68	+8
7	60	+8
6	52	+8
5	44	+8
4	36	+8
3	28	+8
2	20	+8
1	12	

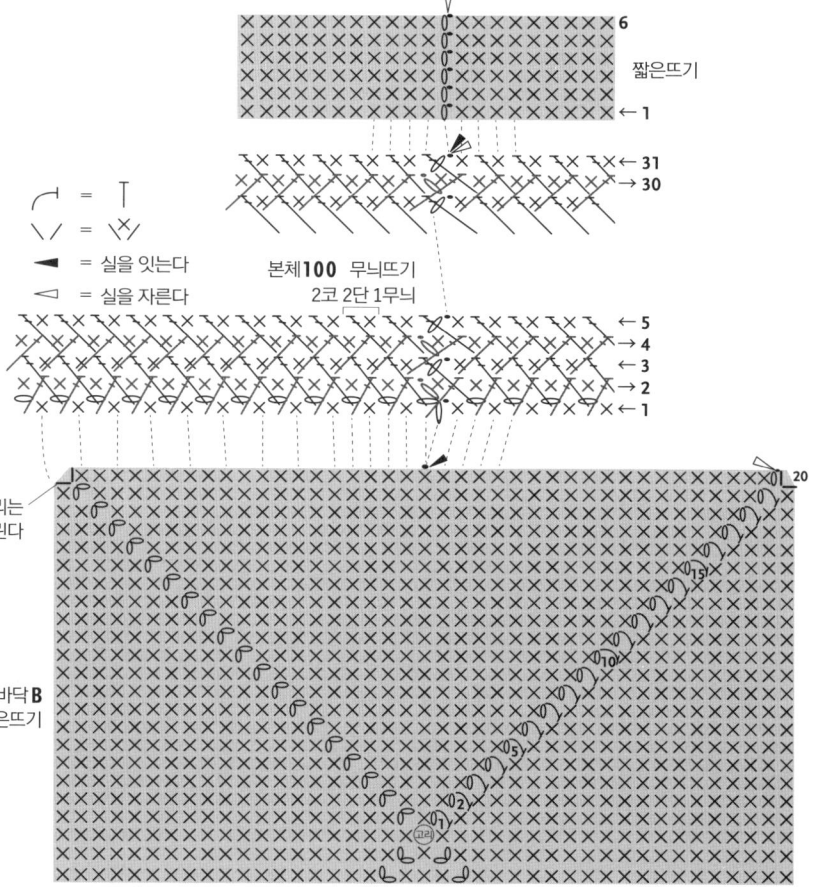

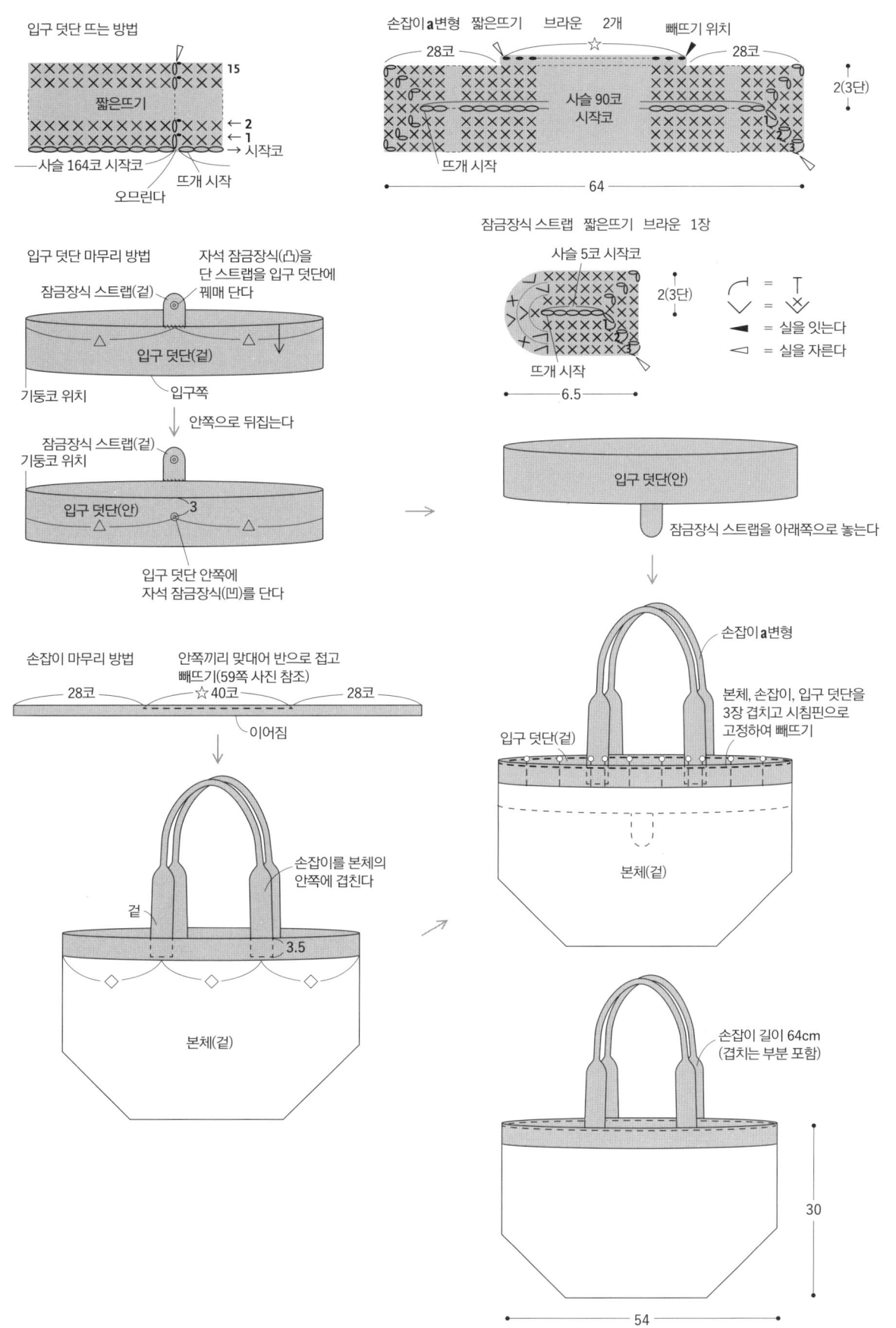

page 64

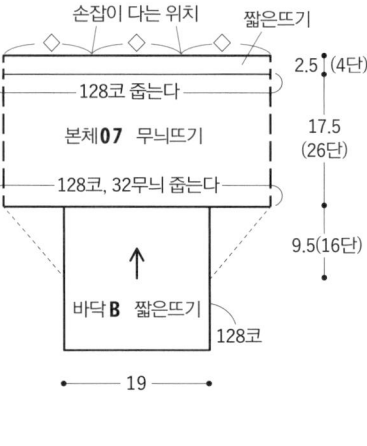

바닥	본체	손잡이
B	07	a변형
16단	26단	3단

실 | 하마나카 에코 안다리아 골드(170) 145g
바늘 | 코바늘 7/0호
게이지(10×10cm) | [짧은뜨기]18코 17단
　　　　　　　　　[무늬뜨기]18.5코 15단
크기 | 너비 35cm, 깊이 20cm
뜨는 법 | 실은 1가닥으로 뜬다.

원형뜨기 시작코를 만들어 뜨기 시작한다. 바닥B를 16단 뜨는데, 마지막 단은 도안처럼 모서리에서 늘리고, 무늬뜨기가 한 변에 8무늬가 되도록 3코 떠넣는다.
본체07(15쪽)을 증감 없이 뜬다. 실을 건네고 짧은뜨기를 한다. 뜨개 마지막에 사슬뜨기로 묶는 끈을 뜬다. 반대쪽은 새로운 실을 이어서 뜬다. 손잡이 a변형을 2개 만들고, 반박음질로 꿰매 단다.

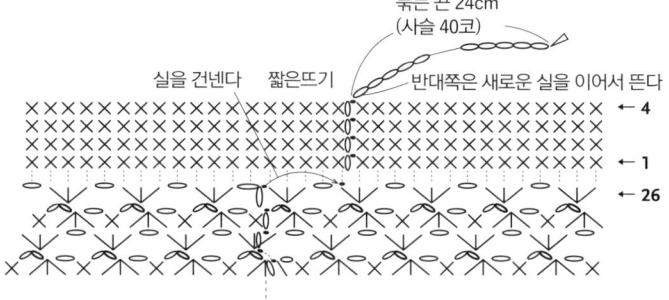

바닥 콧수와 늘리는 법

단수	콧수	늘리는 법
16	128	+4※
15	124	+8
14	116	+8
13	108	+8
12	100	+8
11	92	+8
10	84	+8
9	76	+8
8	68	+8
7	60	+8
6	52	+8
5	44	+8
4	36	+8
3	28	+8
2	20	+8
1	12	

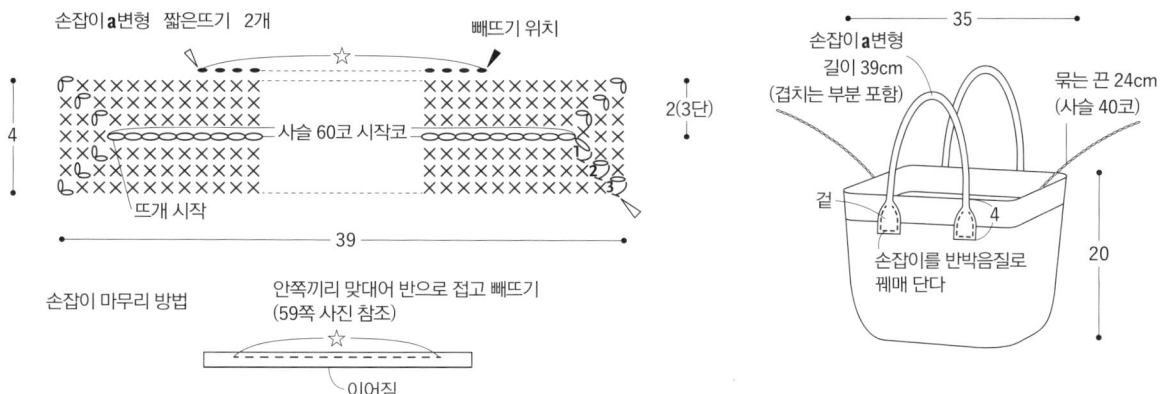

page 65

바닥	본체	손잡이
C	79	a
55코	32단	3단

실 | 하마나카 에코 안다리아 올리브(61) 240g
바늘 | 코바늘 7/0호
게이지(10×10cm) | [무늬뜨기]15.5코 10.5단
크기 | 너비 35cm, 깊이 31.5cm
뜨는 법 | 실은 1가닥으로 뜬다.

사슬뜨기 55코 시작코(바닥C)를 만들어 뜨기 시작한다. 이어서 본체79(45쪽)를 증감 없이 뜨고, 계속 이어서 짧은뜨기를 한다. 손잡이a를 만들고, 본체의 옆선에 반박음질로 꿰매 단다.

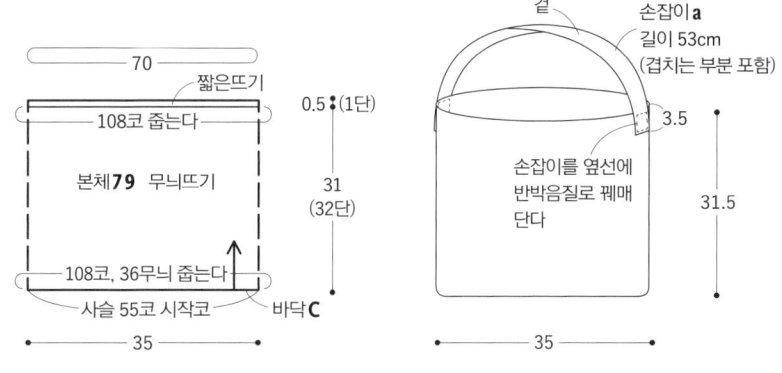

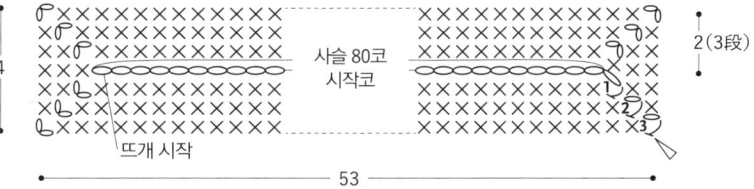

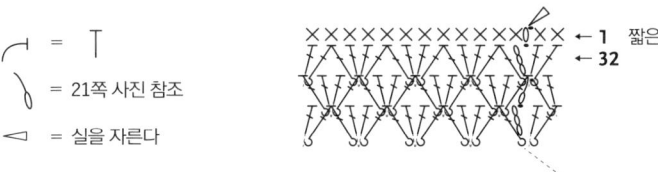

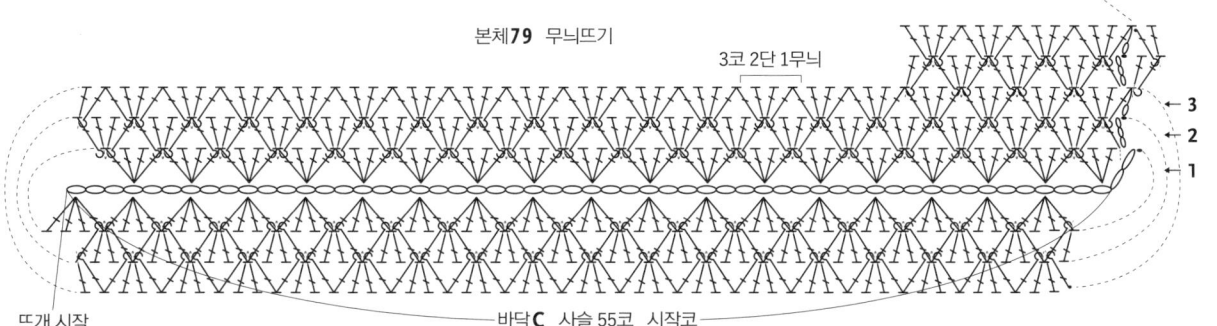

page 66

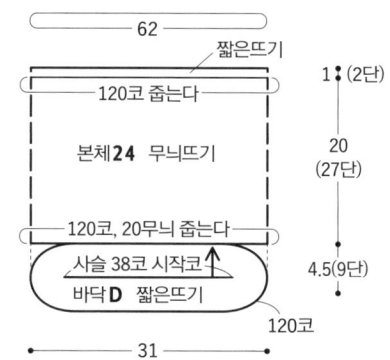

바닥	본체	손잡이
D	24	b변형
9단	27단	3단

실 | 하마나카 에코 안다리아
레트로블루(66) 180g

바늘 | 코바늘 7/0호

부재료 | 단추(지름 2cm 1개),
자석 잠금장식(지름 1.4cm 1세트)

게이지(10×10cm) | [짧은뜨기]18코 19단
[무늬뜨기]19.5코 13.5단

크기 | 너비 31cm, 깊이 21cm

뜨는 법 | 실은 1가닥으로 뜬다.
사슬뜨기 38코 사작코를 만들어
뜨기 시작한다. 바닥 D를 9단 뜬다.
이어서 본체 24(24쪽)를 증감 없이
뜬다. 계속 이어서 짧은뜨기를 한다.
덮개를 바닥과 같은 방법으로 뜨기
시작하고, 도안처럼 늘리면서
짧은뜨기를 한다. 손잡이 b변형을
만든다. 덮개를 본체에 꿰매 달고,
자석 잠금장식을 단다. 본체의
옆선을 도안처럼 접어 넣고,
그 위에 손잡이를 올려서
반박음질로 꿰매 단다.
덮개에 장식용 단추를 단다.

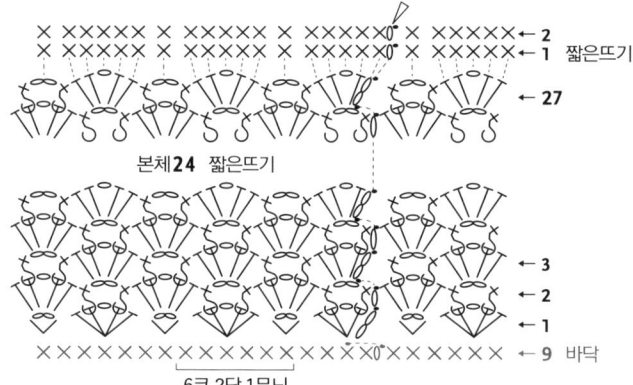

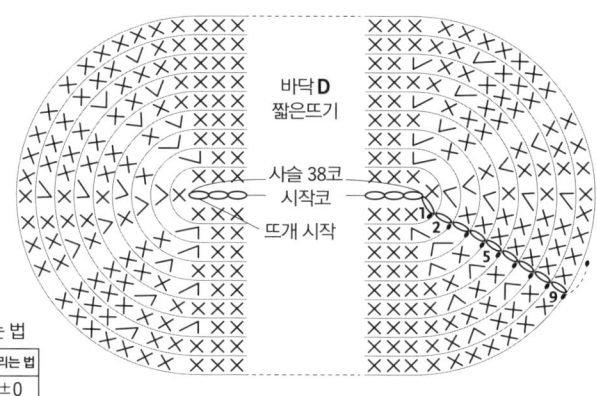

바닥 콧수와 늘리는 법

단수	콧수	늘리는 법
9	120	±0
8	120	+6
7	114	+6
6	108	+6
5	102	+6
4	96	+6
3	90	+6
2	84	+6
1	78	

= 실을 잇는다
= 실을 자른다

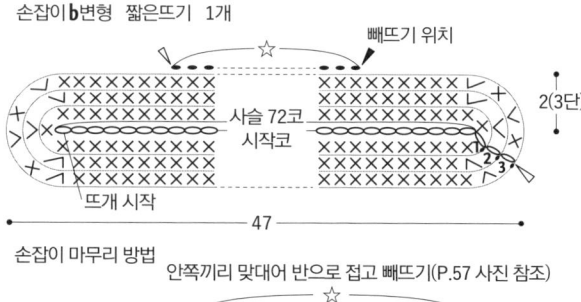

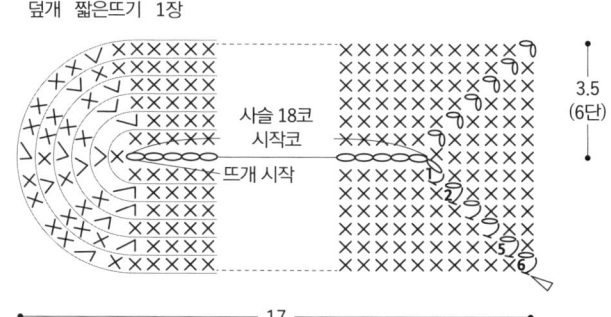

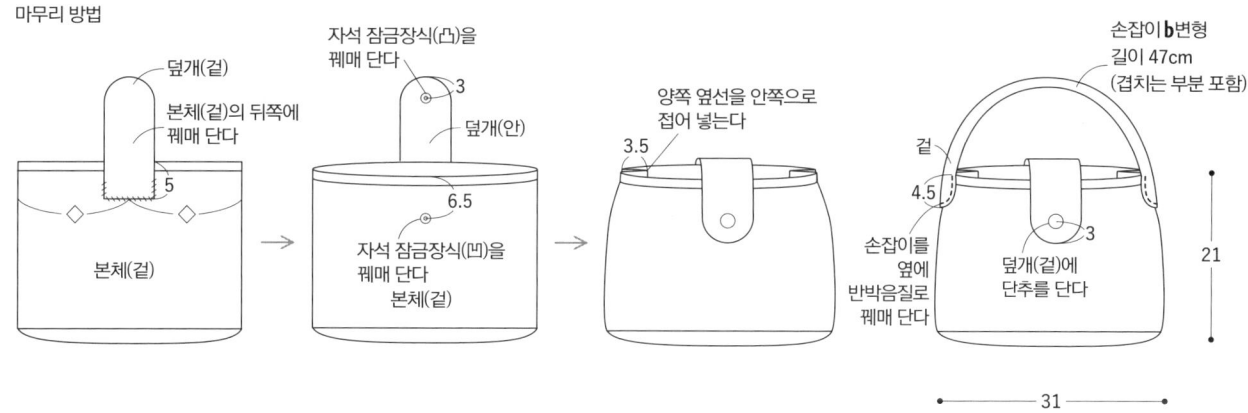

page 62

바닥	본체	손잡이
D	09	f
6단	26단	5단

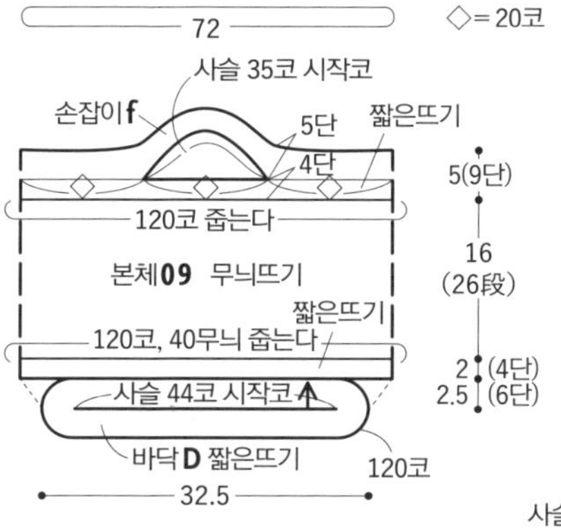

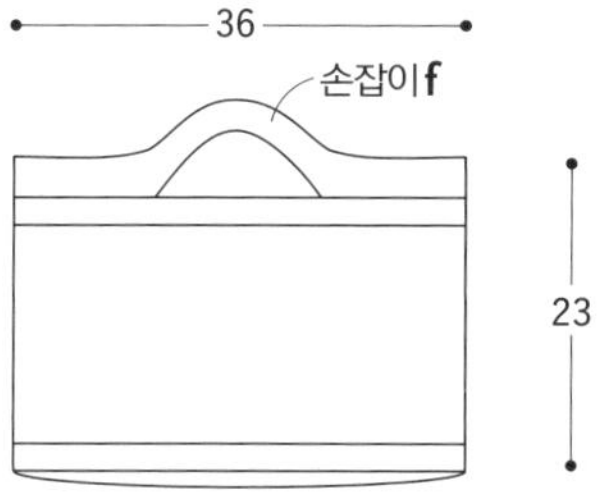

실 | 하마나카 에코 안다리아
　　체리(37) 140g

바늘 | 코바늘 7/0호

게이지(10×10cm) | [짧은뜨기]16.5코 18단
　　　　　　　　　[무늬뜨기]16.5코 16단

크기 | 너비 36cm, 깊이 23cm

뜨는 법 | 실은 1가닥으로 뜬다.
　사슬뜨기 44코 시작코를
　만들어 뜨기 시작한다. 바닥 D를
　6단 뜬다. 이어서 짧은뜨기와
　본체 09(16쪽)를 증감 없이 뜬다.
　옆선으로 실을 건네고, 짧은뜨기를
　4단 뜬다. 이어서 손잡이 f를 뜨는데,
　앞뒤 중앙은 사슬 35코를 뜬다.

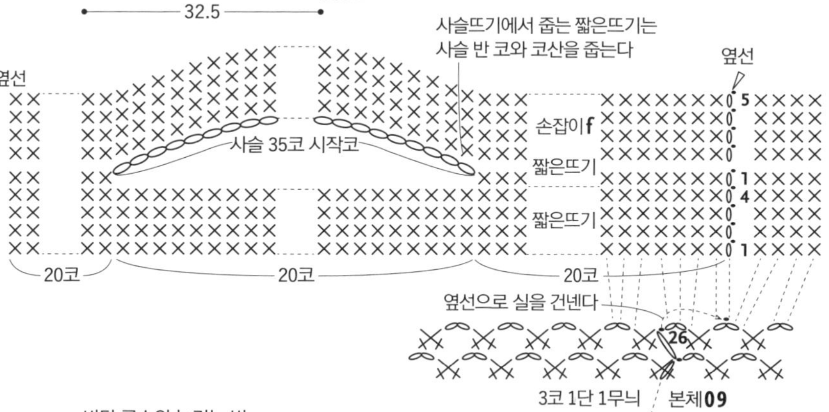

바닥 콧수와 늘리는 법

단수	콧수	늘리는 법
6	120	+6
5	114	+6
4	108	+6
3	102	+6
2	96	+6
1	90	

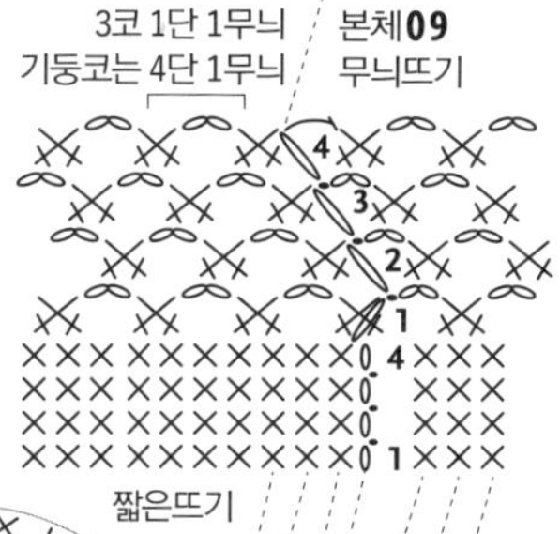

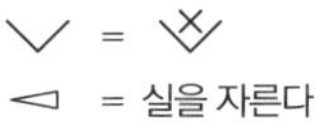

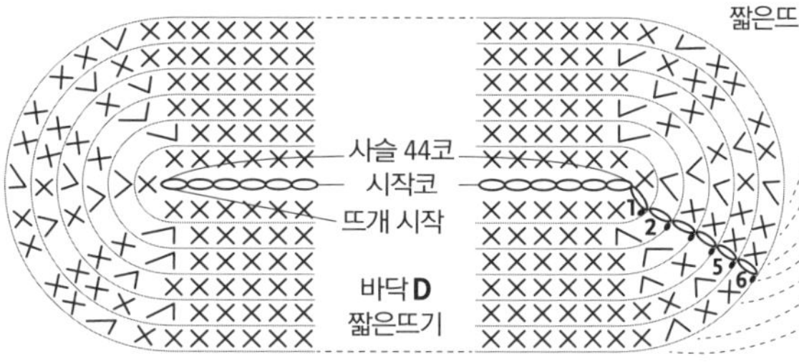

∨ = ∨ (늘림코)
◁ = 실을 자른다

page 68

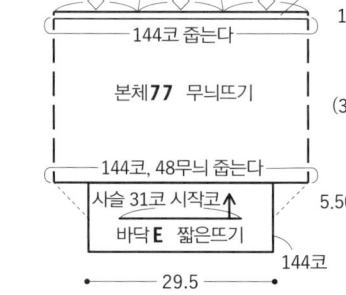

바닥	본체	손잡이
E	77	c변형
10단	31단	3단

실 | 하마나카 에코 안다리아
　　　 브라운(159) 250g
바늘 | 코바늘 7/0호
게이지(10×10cm) | [짧은뜨기]17코 18단
　　　　　　　　　　[무늬뜨기]17.5코 12단
크기 | 너비 41cm, 깊이 27cm
뜨는 법 | 실은 1가닥으로 뜬다.
　　사슬뜨기 31코 시작코를 만들어
　　뜨기 시작한다. 바닥E를 10단
　　뜬다. 마지막 단은 도안처럼
　　모서리에서 늘린다. 이어서
　　본체77(44쪽)을 증감 없이 뜨고,
　　계속 이어서 돌려 짧은뜨기를
　　한다. 손잡이C변형을 2개 만들고,
　　반박음질로 꿰매 단다.

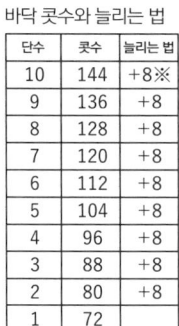

바닥 콧수와 늘리는 법

단수	콧수	늘리는 법
10	144	+8※
9	136	+8
8	128	+8
7	120	+8
6	112	+8
5	104	+8
4	96	+8
3	88	+8
2	80	+8
1	72	

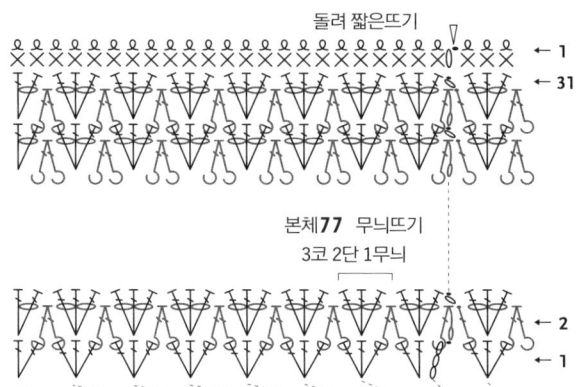

※ 마지막 단의 모서리를 2코 늘린다

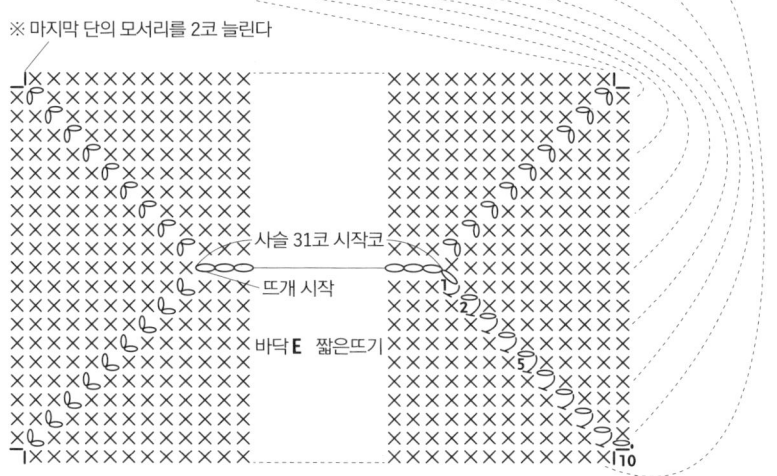

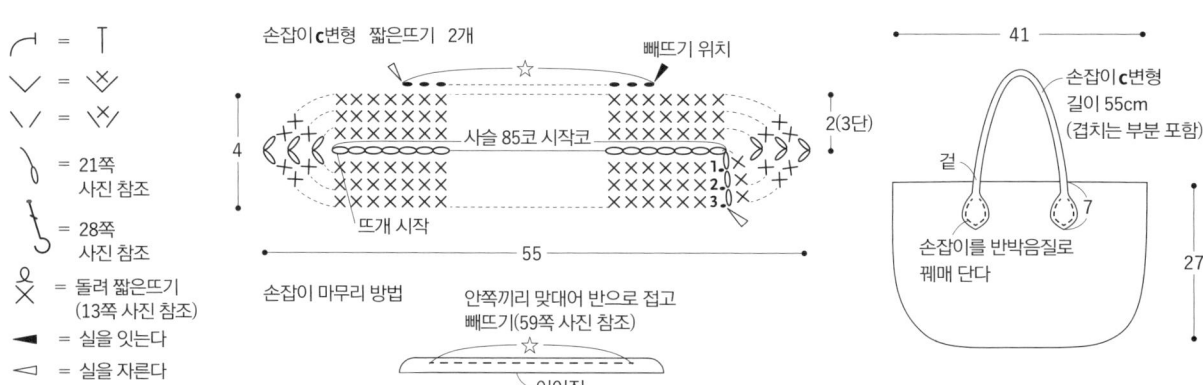

손잡이 마무리 방법

page 67

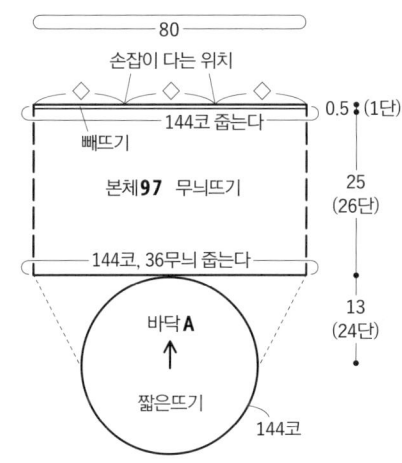

바닥	본체	손잡이
A	97	a
24단	26단	3단

실 | 하마나카 에코 안다리아
그레이시 핑크(54) 215g

바늘 | 코바늘 7/0호

게이지(10×10cm) | [짧은뜨기]18코 18.5단
[무늬뜨기]18코 10.5단

크기 | 너비 40cm, 깊이 25.5cm

뜨는 법 | 실은 1가닥으로 뜬다.
원형뜨기 시작코를 만들어 뜨기 시작한다. 바닥A를 24단 뜬다. 이어서 본체 97(52쪽)을 뜨는데, 안쪽을 겉면으로 사용하는 편물이므로 바닥의 안쪽에서 주워 뜬다. 증감 없이 뜬다. 다시 편물을 뒤집고 빼뜨기를 한다. 손잡이 a를 2개 만들고, 반박음질로 꿰매 단다.

바닥 콧수와 늘리는 법

단수	콧수	늘리는 법
24	144	+6
23	138	+6
22	132	+6
21	126	+6
20	120	+6
19	114	+6
18	108	+6
17	102	+6
16	96	+6
15	90	+6
14	84	+6
13	78	+6
12	72	+6
11	66	+6
10	60	+6
9	54	+6
8	48	+6
7	42	+6
6	36	+6
5	30	+6
4	24	+6
3	18	+6
2	12	+6
1	6	

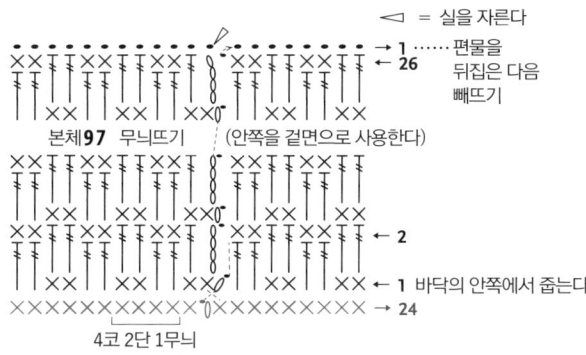

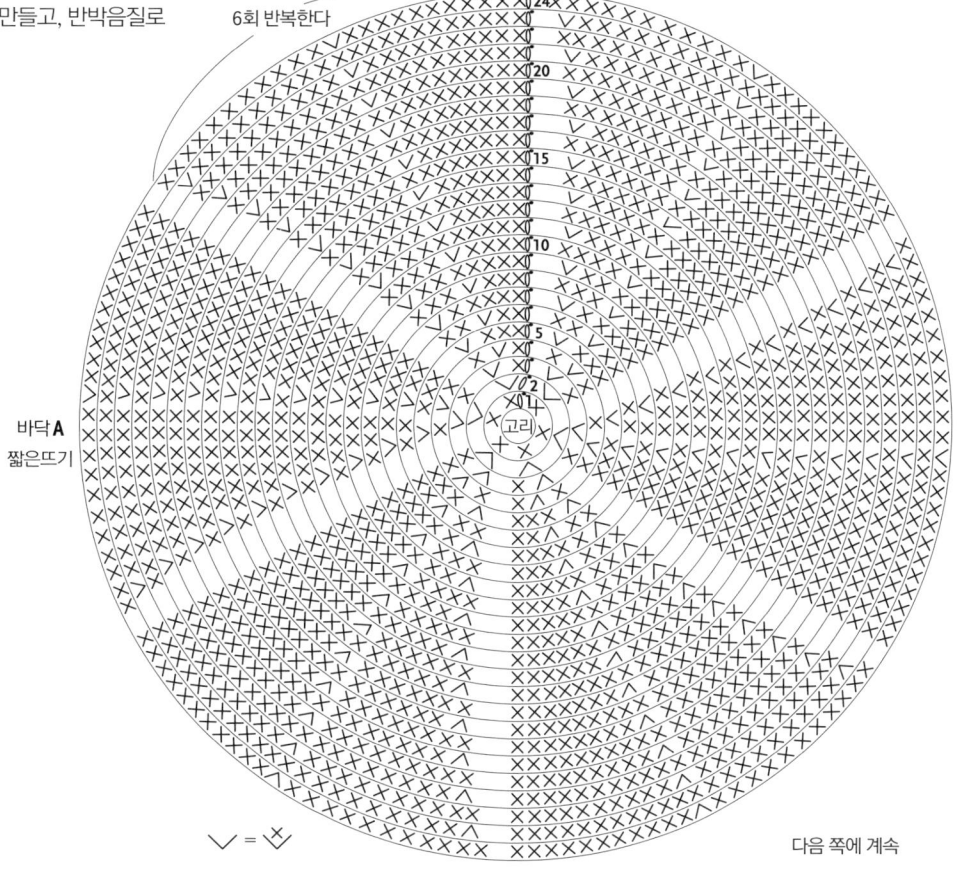

다음 쪽에 계속

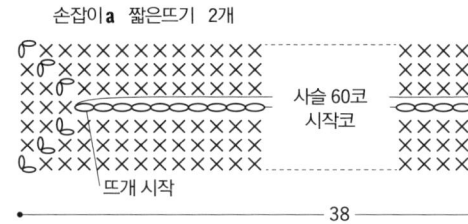

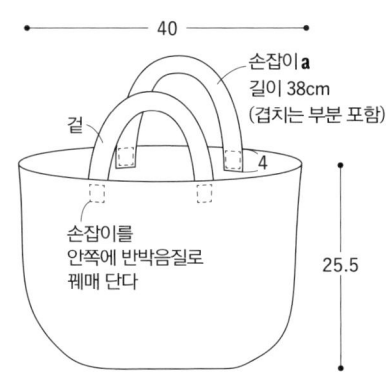

page 69

바닥	본체	손잡이
A	84	b응용
7단	16단	2단

실 | 하마나카 에코 안다리아
  오프화이트(168) 40g
바늘 | 코바늘 7/0호
부재료 | 단추(지름 1.7cm 1개)
게이지(10×10cm) | [짧은뜨기]18코 17.5단
  [무늬뜨기]20.5코 9단
크기 | 너비 10cm, 깊이 18cm
뜨는 법 | 실은 1가닥으로 뜬다.
  원형뜨기 시작코를 만들어 뜨기
  시작한다. 바닥A를 7단 뜬다.
  이어서 본체84(47쪽)를 증감 없이
  뜬다. 계속 이어서 짧은뜨기를 한다.
  손잡이는 사슬뜨기 50코 시작코를
  만들어 뜨기 시작하고, 이어서
  단춧구멍의 사슬을 5코 만든다.
  6코 앞쪽에서 빼내어 기둥코로
  1코를 뜨고, 1단의 짧은뜨기를
  한다. 단춧구멍은 다발로 줍는다.
  손잡이의 한쪽은 본체에
  반박음질로 꿰매 단다.
  반대쪽에 단추를 단다.

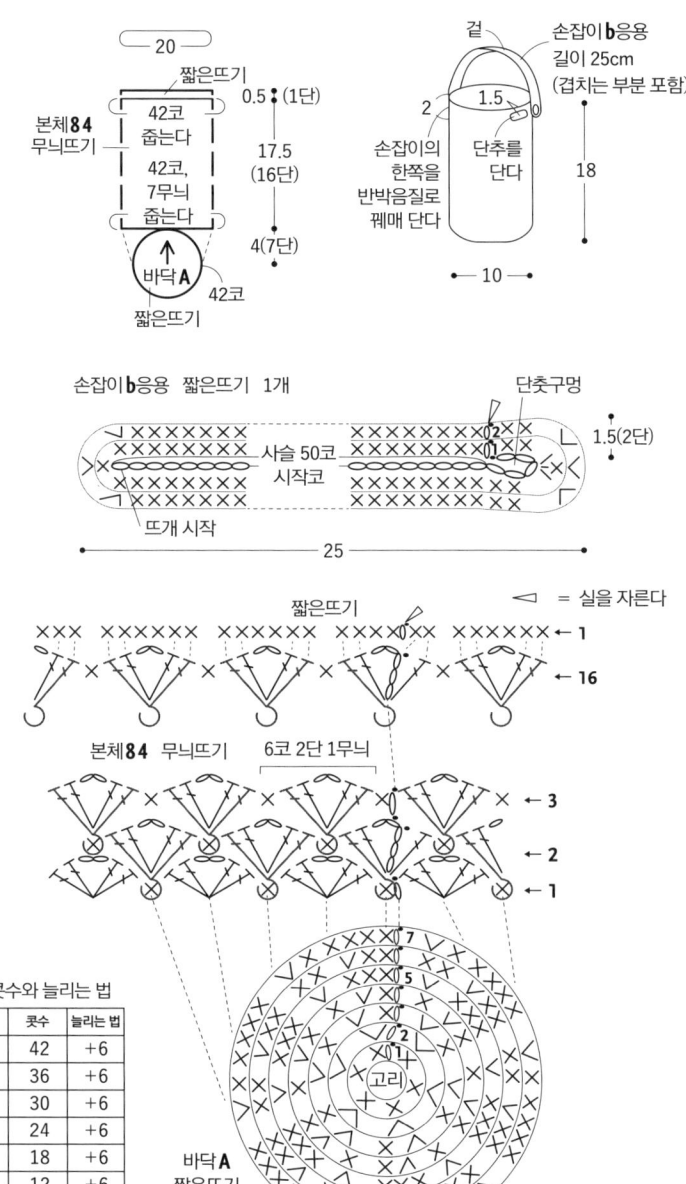

바닥 콧수와 늘리는 법		
단수	콧수	늘리는 법
7	42	+6
6	36	+6
5	30	+6
4	24	+6
3	18	+6
2	12	+6
1	6	

page 69

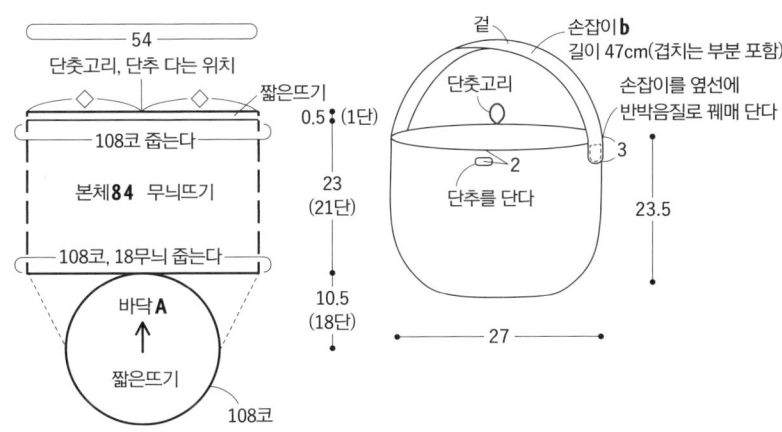

바닥	본체	손잡이
A	84	b
18단	21단	3단

실 | 하마나카 에코 안다리아
     오프화이트(168) 125g
바늘 | 코바늘 7/0호
부재료 | 단추(지름 1.7cm 1개)
게이지(10×10cm) | [짧은뜨기]18코 17.5단
              [무늬뜨기]20.5코 9단
크기 | 너비 27cm, 깊이 23.5cm
뜨는 법 | 실은 1가닥으로 뜬다.

원형뜨기 시작코를 만들어 뜨기
시작한다. 바닥A를 18단 뜬다.
이어서 본체84(47쪽)를 증감
없이 뜬다. 계속 이어서
짧은뜨기를 한다. 손잡이b를
2개 뜨고, 반박음질로 꿰매 단다.
단춧고리를 떠넣고, 반대쪽에
단추를 단다.

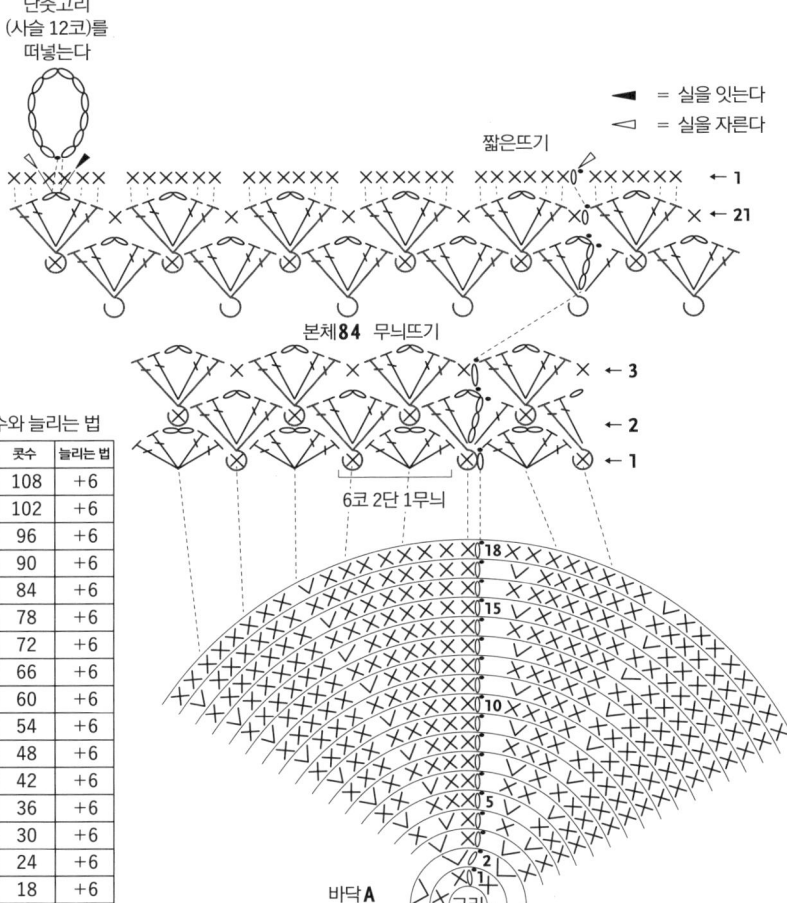

단수	콧수	늘리는 법
18	108	+6
17	102	+6
16	96	+6
15	90	+6
14	84	+6
13	78	+6
12	72	+6
11	66	+6
10	60	+6
9	54	+6
8	48	+6
7	42	+6
6	36	+6
5	30	+6
4	24	+6
3	18	+6
2	12	+6
1	6	

원서 스태프

소재, 도구 제공 하마나카

북 디자인 와카야마 가요코
촬영 요시모리 신노스케
 야스다 조스이(문화출판국)
교열 무카이 마사코
편집 고바야시 나오코
 미스미 사야코(문화출판국)
일본판 발행인 하마다 가쓰히로

좋아하는 모양으로 뜨는 가방

초판 1쇄 발행일 2023년 5월 25일
초판 2쇄 발행일 2025년 10월 10일

지은이 로니크
옮긴이 방현희

발행인 조윤성

편집 인스튜디오 **디자인** 양혜민 **마케팅** 윤주환
발행처 ㈜SIGONGSA **주소** 서울시 성동구 광나루로 172 린하우스 4층(우편번호 04791)
대표전화 02-3486-6877 **팩스(주문)** 02-598-4245
홈페이지 www.sigongsa.com / www.sigongjunior.com

글 ⓒ 로니크, 2023

이 책의 출판권은 ㈜SIGONGSA에 있습니다. 저작권법에 의해
한국 내에서 보호받는 저작물이므로 무단 전재와 무단 복제를 금합니다.

ISBN 979-11-6925-825-8 13590

*SIGONGSA는 시공간을 넘는 무한한 콘텐츠 세상을 만듭니다.
*SIGONGSA는 더 나은 내일을 함께 만들 여러분의 소중한 의견을 기다립니다.
*잘못 만들어진 책은 구입하신 곳에서 바꾸어 드립니다.

WEPUB 원스톱 출판 투고 플랫폼 '위펍' _wepub.kr
위펍은 다양한 콘텐츠 발굴과 확장의 기회를 높여주는
SIGONGSA의 출판IP 투고·매칭 플랫폼입니다.